MANUAL DA AURA

Laneta Gregory
Geoffrey Treissman

MANUAL DA AURA

Tradução
ANTONIO DANESI

EDITORA PENSAMENTO
São Paulo

Título do original:
Handbook of the Aura

Copyright © 1985 Laneta Gregory e Geoffrey Treissman.

Edição	Ano
1-2-3-4-5-6-7-8-9	94-95-96-97-98-99

Direitos de tradução para a língua portuguesa
adquiridos com exclusividade pela
EDITORA PENSAMENTO LTDA.
Rua Dr. Mário Vicente, 374 – 04270-000 – São Paulo, SP – Fone: 272-1399
que se reserva a propriedade literária desta tradução.

Impresso em nossas oficinas gráficas.

Sumário

Prefácio 7

1 O que é a aura? 9
Todos os seres e coisas têm uma aura?
Pode-se medir a aura?
Como a aura se liga às outras pessoas e ao mundo cotidiano?
Suas cores predominantes

2 Exame da aura 17
Relação entre as cores áuricas e o espectro visível
Por que devo querer saber a respeito de minha aura?
Como eu poderia ver a aura?
Todos os que vêem a aura vêem a mesma coisa?

3 Códigos cromáticos 29
Trinta e seis cores são relacionadas com seus significados e as maneiras de interpretá-las

4 Introdução aos diagramas áuricos 45
As auras mudam? Por quê?

5 Explicações de diagramas áuricos exemplificativos . . 49
Sete diagramas coloridos, cada qual com sua análise

6 Formas-pensamento e símbolos áuricos 65
As auras e a morte
As auras e as drogas
As auras, a telepatia e a PES
A energia psíquica e as auras

5

7 Os sete níveis do ser 73
O sexo e a aura
A aura e a kundalini
Os sete raios principais, os sete pecados mortais, os sete chacras e os sete planetas
Sua aura e a influência que ela exerce sobre sua escolha de parceiro/companhia

8 A aura no supermercado 85
Interação dos campos áuricos na prática
Interação de lugares e pessoas
Interação dos filhos com os pais
Sentimentos e intuições em sua relação com as auras
Equivalente astrológico nas cores áuricas

9 Astrologia e aura 95
Os autores correlacionaram a análise astrológica com a análise dos diagramas áuricos e constataram grande unidade. Breve exame do assunto neste capítulo

10 Aura e saúde 101
Mostra como a análise áurica pode, às vezes, prevenir graves problemas quando centros de perturbação potencial começam a "anuviar-se"

11 Trabalho pessoal com o Formulador Interno 111
Trata da nossa abordagem individual do sofrimento, do auto-sacrifício, da autoconsciência, do auto-exame, da humildade, da devoção, da compaixão etc.

12 Nossa interação com a aura da Terra 115
Cura
Moralidade
Fluxos de energia, prece positiva etc.

Prefácio

Como o título deste livro indica, buscaram os autores fornecer um guia prático e pragmático do campo áurico e suas manifestações. Esse enfoque conferiu ao livro uma forma antes concisa que atenuada, antes uma abordagem simples e direta que uma exposição desconexa e tortuosa de teorias acerca de teorias.

Entendem os autores que isso é essencial para a tese central do livro, a saber, a de que o campo áurico desempenha um papel ativo e vital em todas as formas de vida. Ele não é apenas um arranjo ineficaz de luzes coloridas a indicar que você é ou não uma pessoa "bacana", como alguns paradigmas atuais da parapsicologia gostariam de fazer-nos acreditar.

Se cumprir a tarefa de familiarizar uma pessoa com essa verdade, terá este livro, no entender dos autores, realizado um grande bem – mais do que o mundo poderia acaso imaginar. Porque um estudo em profundidade da aura pode revelar muita coisa daquilo que era antes confundido, malplagiado ou até deliberada e culposamente negado – a saber, que somos dotados de um campo de energia que, se positiva e seguramente direcionado, pode, literalmente, operar milagres.

Os autores não se propuseram, com este livro, empreender uma análise exaustiva e abrangente da aura. Em verdade, é muito pouco provável que tal coisa possa ser feita, já que o potencial humano, de que a aura constitui a manifestação imediata, é ilimitado.

O que o livro se propõe é indicar os principais aspectos, as estruturas mais amplas e os temas centrais abarcados pela aura em toda a sua "vitalidade". A aura encerra, como bem sabem os autores, uma velha mensagem; uma mensagem comunicada a todos os buscadores da verdade e por eles transmitida, em todas as grandes religiões e mitologias, desde a aurora dos tempos. Mas parece que essas verdades fundamentais e carregadas de energia estão em risco de extinção, uma vez que a percepção de sua base vem sendo erodida.

A sabedoria, segundo tudo indica, está sendo relegada pelo conhecimento, e este, por sua vez, vem sendo substituído por um simulacro de si mesmo. Espera-se, pois, que este livro, indicando onde reside, no homem, a fonte dessas verdades, possa contribuir para a percepção de sua absoluta relevância no mundo de hoje. Só se pode combater a ignorância reinante por uma apreciação aberta e dinâmica da vida, e todo aquele que compreender a aura, seja por que meio for, estará colaborando nessa tarefa.

O *Manual da Aura* é o resultado de um frutuoso e contínuo diálogo entre os autores, que se estendeu ao longo de um período de mais de quinze anos. Como ficará claro no livro, a maioria de suas revelações foi obtida a duras penas, depois de muito empenho interior e renúncia exterior em face da oposição cínica e entrincheirada. Mas valeram-lhes também, mercê de seu trabalho, muitos amigos maravilhosos, cuja diversidade constitui um manancial constante de alegria e admiração. É a essas pessoas que este livro é dedicado, assim como ao desconhecido que, lendo-o, se surpreenderá compreendendo tudo, prontamente, sem esforço algum...

O que é a Aura?

A aura visível ocupa uma área imediatamente ao redor do corpo e possui um número de camadas que varia de pessoa para pessoa e ao longo do tempo. Uma das coisas que torna a aura perceptível é o fato de o corpo exsudar para a atmosfera ambiente vapor d'água, óleos, hidrocarbonos, energia eletrostática e minúsculas quantidades de elementos químicos. A mistura espectrifica* sutilmente a luz em torno do indivíduo, de modo que a aura se torna visível como cor e como forma.

O perímetro do corpo é afetado pelo tecido vivo à medida que este exsuda o excesso daquilo que foi gerado dentro da pessoa. Parte da emanação é a projeção física – é o que se vê quando se eletrifica e fotografa o campo segundo o processo desenvolvido há cerca de cinqüenta anos pelo dr. Kirlian e sua esposa.

Existem camadas e níveis de energia adicionais que, por enquanto, são mais difíceis de serem reproduzidos fotograficamente. Essa camada física projetada é a camada etérica da pessoa, estreitamente relacionada com o corpo etérico. Em comparação com as camadas exteriores da aura, ela é volumosa e densa, a despeito de efêmera quando comparada à carne viva.

A função da camada etérica é conduzir, armazenar, transmitir ou absorver as energias que estão constantemente dentro ou em volta de nós. Trata-se do nível de energia mais envolvido no processo da cura física, e é onde ocorre a depleção que, mais tarde, provavelmente se manifestará em doença. Esse nível é relativamente palpável e visível, proporcionando um diagnóstico não raro

---

* Produz o espectro visível, total ou parcial.

valioso para o paciente, visto trazer indicações de doenças que ainda não se manifestaram em forma clínica e que, em muitos casos, podem ser eficazmente evitadas. A energia injetada nessa camada amiúde mitigará a gravidade de um estado atual, às vezes revertendo-o. O efeito dessa energia pode ser imediato ou retardado, dependendo do tempo que a informação etérica levar para se transferir ao nível físico do paciente em questão; nem todos os homens executam a transferência no mesmo ritmo.

É através dessa aura da saúde, como a camada etérica foi chamada, que nos podemos manter saudáveis; por exemplo, graças ao ar puro, ao ambiente natural e às companhias positivas. A autocura pode ser praticada conservando-se energia e evitando-se pessoas e locais negativos, que drenam e danificam a aura toda e, portanto, a saúde. Essa camada etérica é que filtrará a toxicidade física e psicológica, como os rins filtram o sangue; ora, se a camada estiver enfraquecida ou danificada, não executará corretamente o seu trabalho. Nesse caso, o processo resultará em sintomas psicossomáticos e, se o corpo físico não contrabalançar o corpo etérico debilitado, este produzirá padrões negativos que, depois, se manifestarão sob a forma de uma doença real e refratária ao tratamento.

Dentro da camada etérica existem pontos de energia que reproduzem os órgãos principais do corpo físico. São vulneráveis e tendem a constituir-se em centros de acúmulo de dificuldades alojadas na fina crosta etérica geral que envolvem a pessoa inteira. Esses pontos de energia são, na realidade, vórtices de fluxo energético, as principais áreas da absorção e emissão da psique.

Os pensamentos que concebemos a respeito de nós mesmos e dos outros, conscientes ou subliminares, moldam e afetam fortemente aquilo que chamamos nossa condição psicológica, nossa auto-imagem. Assim, as energias absorvidas afetam os padrões da pessoa em questão e nutrem-na segundo sua polaridade e *forma* atual.

A luminosidade, o volume e a intensidade da camada etérica constituem, pois, os primeiros indícios da saúde do indivíduo, bem como a extensão de sua interação com o ambiente e sua capacidade receptiva e criadora.

Como é o etérico? Virtualmente incolor, uma camada branco-amarelada em volta da pessoa, variando de 1 a 30 cm de espessura; parece líquido pela maneira com que flui e pulsa. Os centros de energia, nessa camada, lembram rodinhas ou espirais com fagulhas, quando estão abertos e funcionando perfeitamente: podem ser ou opacos, a ponto de quase não se distinguirem, ou muito variados quanto à força, no caso de uma pessoa doente ou desequilibrada. Pouquíssimas pessoas apresentam um fluxo plenamente potencializado em todos os seus chacras – termo sânscrito para designar esses centros –, pois tal fluxo requer prática e esforço para ser formado e mantido.

Essa camada viva é altamente sensível ao ambiente em geral e com ele interage; obviamente, isso é ainda mais verdadeiro em se tratando da energia das outras pessoas. Cada um de nós afeta e é afetado pelo estado ou condição daqueles com os quais nos achamos em contato de algum modo e a qualquer momento. Festas, filas de ônibus, visitas a hospitais, concertos, cerimônias religiosas, incursões por castelos assombrados, a garota da porta ao lado – tudo afetará você até certo ponto, e até certo ponto você afetará tudo.

É aí que a fricção, a ressonância, a dissonância, a exaltação ou a fadiga aparecem, começando a ter realidade e efeitos manifestos. A mistura de muitos etéricos, quando se está numa multidão compacta, é que produz notável mudança no comportamento do grupo a partir dos padrões intencionais e originais dos indivíduos.

Instaura-se um denominador comum temporário de informação etérica entre as unidades que formam o grupo, o qual molda todas as unidades de "alguma coisa" e tende a atuar como um supressor de diferenças. As brigas que surgem devem-se a membros do grupo que não se acham em condição suficientemente similar; a certa altura, há um lampejo de polarização que eclode sob a forma de comportamento manifesto, rompendo fisicamente a proximidade que gerava a tendência a um denominador comum. É o sistema de autodefesa da aura em ação. A partir do mecanismo que acabamos de delinear, é fácil ter a percepção genérica de que existem tipos caracteristicamente fracos e despreocupados que são dominados por personalidades marcantes, as quais não precisam ser especialmente positivas em polaridade – o mais fraco sucumbirá ao magnetismo do mais forte.

O verdadeiro carisma atua sobre os centros do coração de todos e junta-se a eles numa comunhão positiva. Entretanto, outras formas há, de poderosa eficácia, que atuam de maneira negativa.

O etérico, a saúde e a escolha de amizades, locais e situações estão inextricavelmente entrelaçados.

As camadas menos densas da aura projetam-se para fora, a partir do etérico, até diminuir e misturar-se com o próprio vento solar – ligando-nos assim uns aos outros e todos ao nosso sistema solar. Tais energias misturam-se com o vento solar e as emanações planetárias, sendo arrastadas pelo plano do sistema solar até o anel de estrelas que foi chamado, entre outros nomes, de Círculo Zodiacal. Todavia, é sobretudo com a distância espacial de aproximadamente um metro ao redor do corpo humano que nos ocuparemos neste livro.

Os centros de energia do corpo funcionam em ritmos e freqüências vibratórias diferentes, como fazem suas fontes de absorção de energias. Esses centros, e a extensão em que eles funcionam eficientemente, determinam os modos pelos quais a energia bruta da vida é absorvida, utilizada e emitida sob a forma de aura. Em sânscrito, a energia bruta recebeu o nome de *prana*.

O Formulador Interno dessa energia, isto é, aquele que a formula em emanações específicas de cor, formas etc., foi chamado de a força vital da psique, o atmã, o ser interior, o eu superior ou *mani* pelas culturas que tornaram coerente e inteligível um conceito às vezes classificado de mágico ou demoníaco na origem.

A partir desse F.I. (Formulador Interno) tem-se o resultado da condição total da pessoa sob a forma de sua aura. Assim, mediante a simples observação da aura, pode-se detectar áreas de dificuldades ou de força no indivíduo.

Infelizmente, as maravilhas da aura não podem contar com um computador sempre à mão, programado na linguagem que você preferir, de sorte que muito trabalho precisou ser feito, e muito ainda haverá de sê-lo, para se interpretar corretamente aquilo que é visto. Ver a aura é coisa relativamente simples depois de uns dez anos de esforço e disciplina. A interpretação exige mais algum tempo e o recurso a modos adicionais de compreensão e análise. E esse processo de obter percepções imediatas, diretas e proveitosamente inteligíveis requer muito tempo e trabalho.

A aura, como o corpo, é um fenômeno complexo, de muitos níveis, sensível, altamente interativo e peculiar a cada pessoa, da qual constitui o único reflexo. Cada cor áurica revela uma função ou tendência específica na pessoa.

O vermelho e o verde estão invariavelmente presentes na aura normal; além dessas cores, quase todas as pessoas apresentam certa quantidade de amarelo. O azul também aparece com certa freqüência, mas as demais cores ou são muito particulares ou relativamente raras.

O vermelho é a cor da força vital básica, do impulso e do grau de iniciativa do indivíduo. É muito raro que uma aura não contenha o vermelho, mas, quando isso acontece, sua ausência implica certo grau de metamorfose pessoal e de transcendência, que resulta no desvio dos impulsos básicos ou, pelo menos, na possibilidade de seu desvio pela vontade do indivíduo. Esse nível de controle exercido pelo F.I. estabelece um relacionamento inteiramente diferente entre o Eu e o mundo e altera a maneira pela qual todas as outras energias entram em contato com a força vital ou são por ela dirigidas.

O *tipo* de vermelho presente na aura indicará o nível e a quantidade do impulso, da força vital, da sexualidade e da iniciativa da pessoa; mostrará também até que ponto estes dominam a personalidade e a sociabilidade do indivíduo. A *quantidade* de vermelho constitui o melhor indício para se estabelecer a extensão desse domínio. A *forma* que essa cor assume, sua configuração e o simbolismo nela envolvido proporcionam outro nível de informação. O principal planeta em questão é Marte.

A contraposição do vermelho é o verde, e, na aura, é o verde que equilibra os efeitos do vermelho. O verde é a cor que denota as emoções e o nível do ego consciente da *persona*. A mistura de vermelho e verde nunca é desejável (ver código cromático), pois produz dissonância naquelas duas áreas do ser. O verde também indica a aptidão, bem como o limite dessa aptidão, para o crescimento e a harmonia no interior da personalidade. Representa o princípio de Vênus e constitui o melhor indicador da capacidade de relacionamento da pessoa. Indicará o nível dessa capacidade, o tipo predominante de ligação, o tipo de idéias e de pessoas que irá atrair e permitirá saber se essa capacidade fluirá de maneira positiva ou retrativa e auto-orientada. Mostrará o relacionamento com a natureza, a medida do brilho, da pureza e da qualidade de expansão das emoções, como também quaisquer problemas de insegurança, perfídia, mentira e auto-ilusão. Refletirá o que se pode chamar de senso humanitário da pessoa. O verde é uma das cores do coração. Ao passo que o vermelho fornece a força de impulsão, o verde mostra o que a pessoa fará com essa força quando ela se projetar do eu para contatar outras pessoas e o mundo exterior.

A quantidade de verde é especialmente significativa – muita é tão ruim como pouca –, e o tipo de verde revela o potencial para a integração, assim como a integridade da personalidade como um todo.

O verde se prende diretamente à auto-imagem da pessoa e está ligado às suas motivações conscientes. O vermelho propicia o impulso, o verde oferece motivação. A análise das quantidades relativas de tipos de vermelho e verde, de suas intensidades e formas proporcionará muitas informações a respeito dos contatos diários das pessoas.

O amarelo é a cor do intelecto, do pensamento consciente e racional, estando ligado à inspiração e à transmissão de outras energias. A quantidade e o tipo de amarelo, bem como sua força em comparação com o vermelho e o verde, mostrarão até que ponto a mentalidade está desenvolvida e evoluída. Revela não apenas a capacidade intelectual da pessoa, mas a maneira como ela pensa, a esfera de vida à qual devota seus pensamentos e se existe alguma tendência inata a ser incentivada.

Não é comum que a quantidade de amarelo exceda o verde, nem que o amarelo contenha símbolos enfocados ou fortemente formulados. Menos raro, mas também inusitado, é o amarelo assumir uma forma clara e bem-definida em toda a extensão da aura. Em geral, essa cor trava uma batalha perdida com o vermelho ou o verde, ou com ambos.

Será estafante e aflitivo para a pessoa se o vermelho misturar-se ao amarelo, mas, se o amarelo mesclar-se ao verde, então as emoções turvarão e bloquearão a capacidade de pensar clara e racionalmente.

Caso o amarelo seja encontrado somente na área vermelha/verde do campo áurico e não for adjacente ao azul ou a outras cores cuja velocidade vibratória exceda a dele próprio, então o amarelo só poderá funcionar, na prática, de modo quantitativo, sem inspiração nem originalidade. A profundidade, a quantidade e a intensidade dessa cor mostram claramente até que ponto a vida mental molda o comportamento geral com algum tipo de poder. O aspecto inspiratório da mentalidade prende-se antes ao azul que ao verde e ao vermelho; portanto, a existência do azul no campo áurico modifica, substancialmente, o potencial de amarelo na aura.

O azul é a cor da mente pura, da mente superior, e de suas várias formas manifestas, tais como a devoção e o idealismo. Em geral, o azul é visto como uma área não expressa, sendo mais um pano de fundo que um elemento ativo no campo. Nos raros casos em que o azul está altamente estruturado ou contém um símbolo óbvio, é provável que predomine a mentalidade total; formará então o ego, as emoções e os impulsos por meio de seus efeitos na consciência racional, e o caráter desses indivíduos é parte do fluxo sangüíneo, e não um código enxertado. Eles terão coragem moral, brotada da capacidade de perceber o contexto mais amplo da vida. Um azul fortemente acentuado implica uma perspectiva mais larga através da mente do que o permitiria a estreiteza do amarelo. Amarelo e azul estão ambos ligados a Mercúrio e Urano.

O azul-claro informe revela que a pessoa é capaz de idealismo, e essa capacidade será proporcional ao amarelo presente na aura e à relação entre esse amarelo e o vermelho e o verde.

O azul-escuro informe denota uma mentalidade calcada na intuição, quase na clarividência; a cor tem uma qualidade mágica, mas é essencial considerar as cores adjacentes, pois poderão revelar um conflito entre o que é intuitivo e o que é racionalmente apreendido pela consciência da pessoa.

Quando um azul puro, não contaminado, se acha altamente estruturado na aura e possui boa quantidade de amarelo-claro "para se expressar", então pode haver algum tipo de gênio na vida mental da pessoa e o ato de pensar é, para ela, uma atividade real e tangível.

O azul, quando se mistura na cura com o vermelho, pode produzir uma transcendência parcial do aspecto físico da vida. Muitos são os matizes produzidos por essa mistura de vermelho e azul, mas todos indicam certa elevação da freqüência vibratória e um real crescimento da psique. Quando o violeta, o púrpura ou o lilás existem na aura, a personalidade revela prece, trabalho psíquico e/ou espiritual e aspiração. Para além do violeta e do ultravioleta está a refinada luz branca, no nível de contato cósmico despersonalizado entre a consciência individual e o cosmo. Essa cor se relaciona com os poderes contemplativos e altamente intercessores da pessoa que a possui.

Exame da Aura

Na análise áurica, vários níveis de eventos ocorrem simultaneamente. O primeiro deles, o nível básico, é o ato da percepção visual; o segundo é o discernimento e a compreensão daquilo que se vê, juntamente com algumas de suas implicações; e o terceiro é a visão das *formas* áuricas – ainda mais sutis que o próprio campo básico.

No nível seguinte, essas percepções devem tornar-se proveitosamente inteligíveis para o vidente. Assim, elas podem ser relacionadas com a pessoa que emite a aura em questão, de modo que o resultado molda o vidente e aquilo que é visto.

O nível mais problemático da percepção é aquele que acarreta um senso de responsabilidade no vidente, levando-o a agir e a pensar (ou porventura a orar) de conformidade com o conhecimento obtido através dessas percepções.

Se, numa sala, uma pessoa vê a aura da outra, e aquilo que é visto mostra que esta última se encontra doente, há então uma carga considerável no simples fato de *saber* que tal é o caso. Isso ocorre especialmente quando a outra pessoa não está ciente do seu estado.

A segunda "carga", nesse estágio, é o simples fato de que, por ser capaz de ver a aura, a pessoa é mais permeável aos *efeitos* dos campos áuricos do que as que não a vêem. Assim, ela *sente* muito mais o impacto direto dos campos áuricos em torno de alguém do que a pessoa comum.

Isso é uma coisa alvissareira quando se tem o raro ensejo de estar no meio de um grupo de pessoas de vibrações semelhantes. Todavia, os efeitos do contato entre diferentes níveis de vibração podem ser literalmente dolorosos para o sensitivo. No fim de uma festa, por exemplo, isso pode levar uma pessoa a sentir-se como se houvesse sido espancada. Esses sensitivos não ignoram que podem sofrer contusões corporais bem visíveis, a despeito da ausência de contato físico. Isso se deve ao fato de as energias mais grosseiras exercerem violência sobre o campo mais sutil do desventurado sensitivo.

Os autores já passaram por isso e, nessas ocasiões, enviar uma carta de agradecimentos ao anfitrião soa falso. Os sensitivos têm real necessidade de condições de vida totalmente tranqüilas, pois do contrário sua sobrevivência física corre um sério risco.

Que é que se vê, afinal, quando se observa uma aura? O campo áurico manifestado é, via de regra, uma emanação da pessoa por ele circundada, pois pode haver energia transferida "emprestada", por assim dizer, por sacerdotes, gurus etc. O campo áurico pode variar de pessoa para pessoa, apresentando-se ou como halos nítidos, luminosos e cintilantes, com cores e formas puras, ou como uma névoa escassamente perceptível, turva e opaca, ou ainda como um conjunto muito instável de flutuações sobrecarregadas de energia, com cores intensas e foscas e contornos irregulares. Os dois últimos tipos são muito comuns, e a sensação que provocam é extremamente desagradável. Uma aura comum é coisa que não existe; há, porém, cores e níveis de intensidade que são comuns à grande maioria das pessoas.

Quase todas as pessoas têm, nas suas auras, vermelho, verde e amarelo em determinadas proporções; um número menor apresenta o azul, enquanto uma relativa minoria tem púrpura, ametista, índigo ou ouro. Por outro lado, é raríssimo encontrar infusões de branco ou áreas brancas na aura. O tamanho da aura, ou seja, o volume que parece projetar-se do corpo, irá variar tanto quanto as cores; a intensidade e os níveis vibratórios parecem estar diretamente relacionados entre si. Em suma, se você vir a aura de alguém, o que estará vendo vai depender da pessoa que a está produzindo.

Ao redor de certas pessoas pode-se ver o rosa-claro, o verde-lima ou o azul-claro; se elas estiverem pensando ou concentradas, é possível ver o amarelo, enquanto na prece a cor pode ser púrpura, ametista ou ouro.

Se encontrar alguém com uma aura de branco puro, você não precisará observá-la – ela se fará sentir até pelas pedras!

Pequenas quantidades de cores claras podem indicar apenas fraquezas, enquanto pequenas quantidades de cores turvas, opacas, indicam tanto fraqueza quanto negatividade. Grandes quantidades de qualquer cor indicam a *força* da psique, enquanto cores específicas mostrarão se a polaridade dessa pessoa está negativa ou positivamente inclinada em relação aos outros ou ao ambiente (ver código cromático).

Poucas pessoas vêem a aura, e pouquíssimas pessoas vêem as formas contidas no campo áurico. Essas formas ou contornos, assim como a sua posição no campo, fornecem-nos informações significativas acerca do grau em que a consciência da pessoa está ligada às suas energias e indicam, outrossim, os modos pelos quais as energias e intenções da pessoa, uma vez relacionadas com a sua consciência, podem levá-la a atuar na vida prática.

Apenas uma minoria ostenta, no seu campo áurico, contornos ou formas claros, definidos, e essa minoria se subdivide segundo a forma específica de tais formas ou contornos, sua complexidade e estabilidade e sua relação com a cor que apresentam.

O vidente pode distinguir luzes, crescentes, bolhas, balões amorfos, setas, triângulos, moedas, cones, raios, objetos da vida cotidiana, esferas perfeitas, halos iridescentes, teias de aranha, dentes pontiagudos, mãos, asas e uma pletora de outras formas possíveis.

Alguns dos contornos emitidos são formas-pensamento (ver Capítulo 6), ao passo que outros têm uma duração mais longa na aura do indivíduo e constituem, virtualmente, símbolos de sua consciência. É raro apresentar-se alguma dificuldade para se distinguir entre formas-pensamento e símbolos pessoais, visto que a grande maioria das pessoas não sustenta, ou não pode sustentar, cada forma-pensamento senão por alguns segundos, enquanto os símbolos perduram ao longo de meses, anos ou mesmo durante toda uma vida.

Vêem-se então o tamanho, a forma, as cores, a luminosidade e a intensidade gerais da aura e, adicionalmente, os contornos, as projeções ou as nódoas tal como se apresentam nessa ocasião.

Que significa tudo isso? Todos os que vêem a aura vêem a mesma coisa?

Respondendo à segunda pergunta em primeiro lugar: "Basicamente, sim." Na medida em que todos aqueles que têm uma vista razoável vêem a mesma coisa quando olham para determinado objeto, é lícito dizer que os que vêem a aura vêem a mesma coisa quando olham para um campo áurico particular.

A percepção não depende só da vista, e a visão áurica não revela tampouco os segredos de todo o universo. Os problemas podem surgir no tocante à interpretação daquilo que é visto. É aí que o âmbito e o alcance do entendimento do observador, nos vários níveis da existência interior e exterior, são acionados ou estão ausentes no processo de compreender o que ele vê e de relacioná-lo com a pessoa que é objeto da análise áurica.

Para complicar ainda mais as coisas, deve-se levar em conta que todos os campos áuricos interagem entre si, de sorte que a proximidade de um sensitivo afeta, até certo ponto, as pessoas ao seu redor, sem excluir as que estão sendo analisadas.

A amplitude da interação e seus efeitos irão depender de certo número de fatores – primeiro, a intensidade do campo áurico; segundo, o grau de terreno comum de vibrações e o modo como ele, por seu turno, se relaciona com as dimensões e as intensidades dos campos áuricos totais. Outro fator é o desejo, a necessidade ou a intenção das pessoas de relacionarem-se umas com as outras, criando assim um verde adicional nos campos áuricos. Em geral, isso é um terreno comum suficiente (em termos de vibração) para as relações sociais cotidianas. É o Princípio de Vênus.

Uma pessoa altamente intelectualizada, que propende a emitir muito amarelo, pode achar difícil relacionar-se com os marrons ou beges profundamente materiais do convencionalista ferrenho, e pode igualmente não conseguir ligar-se com facilidade a uma pessoa dedicada com pouco amarelo mas, por exemplo, muito cor-de-rosa.

A pessoa cuja aura contém verde intenso ou escuro sentirá que outra, cuja vibração verde é verde-jade, parece fria ou distante.

É sabido que as pessoas dotadas de auras fracas tendem ou a venerar ou a temer aquelas cujas emanações são particularmente fortes, e isso independentemente da polaridade de cada qual ou de ambas. A psicologia da interpercepção dessa diferença parece funcionar cruamente a maior parte do tempo. Não raro a pessoa com a emanação mais forte é invejada, temida ou punida por sua força, enquanto a mais fraca quase sempre é temida pela punição que pode aplicar. Outra ironia nesse caso é que a pessoa mais forte é capaz de absorver muita punição sem reagir exteriormente, de sorte que a mais fraca tenderá a aumentar a punição social, sexual, política ou econômica até esta ultrapassar a capacidade de resistência da pessoa mais forte. Nesse ponto, o forte se afasta, o fraco sucumbe e a pseudojustificação se estabelece.

Isso se comprova em escritórios, fábricas e oficinas, na televisão, no rádio, em casamentos, famílias, grupos sociais e associações de classes. Todos eles têm uma coisa em comum – são pesadamente camuflados, dissimulados. São também destrutivos e, com freqüência, provocam enfermidades.

Um dos paradoxos geralmente conhecidos pelos curadores é que alguns dos curados irão tornar-se, inexplicavelmente, inimigos figadais do curador.

Se, acrescidas a uma diferença em termos de força, existem polaridades, então as coisas são mais agudas e menos sutis. Se a aura de uma pessoa é clara, límpida e capaz de fluir no contato com o mundo em geral, enquanto a outra pessoa se mostra negativa, introvertida e fechada, podem surgir ódios mortais da parte desta última. Tal é, pelo menos, a vantagem de evitar interações a longo prazo, salvo nos casos de casamento e relações familiares, onde as leis impõem um compromisso cego.

Em todos os casos, o fator determinante é a fonte da ação nas profundezas da alma do indivíduo, a qual, como Medusa, só pode ser vista com segurança por reflexo. Os tipos de ação vão depender da extensão em que essa motivação da alma prevalecerá contra os elementos não-transcendidos da pessoa.

O espírito profundo, interior, é o mesmo em todos e comum a todos; o que faz a diferença – em sua ação no campo áurico e em seu efeito – é o grau em que se filtrou através das várias camadas densas entre ele próprio e o seu verdadeiro lar, o mundo e o universo, vale dizer, o grau em que o espírito está encarcerado na carne.

Quando se vê a aura, o que pode ser visto constitui uma declaração explícita do grau relativo em que várias pessoas se libertaram dessas camadas densas ao longo de sua existência.

Como essa libertação não pode ocorrer no tempo, mas unicamente na eternidade infinita, não deve ser motivo de ansiedade pessoal ou de paranóia cósmica o fato de ainda não estarmos à altura de transmitir aquela luz resplandecente e pura que se pode avistar a uma milha de distância.

O valor da análise áurica é que ela capacita a pessoa a compreender melhor a si mesma e aos outros e a saber por onde começar, caso deseje mudar alguma parte de seu estado. O contato entre o eu e o outro é mais prontamente disponível para a consciência enquanto ela se encontra na Terra, pois aí o crescimento se torna mais facilmente visível. Dessarte, a consciência e a vontade podem operar diretamente no sentido de uma integração maior da totalidade do eu, assim como da unificação de todas as coisas na consciência.

É freqüente a pergunta: "Como posso ver, ou aprender a ver, a aura?" Em geral, ela decorre da compreensão de que o campo áurico é uma realidade que o interrogante, na ocasião, não compartilha.

Têm havido tentativas espúrias e especiosas de fazer crer a pessoas ingênuas que elas poderiam ver a aura desde que usassem os chamados "óculos áuricos", que *de fato* espectrificam a luz; o que se vê, porém, é o campo eletrostático ao redor do corpo, sem nenhum dos componentes sutis observados na aura real.

O exemplo mais espantoso que conheço é o de uma senhora a quem ensinaram a olhar fixamente para o alto da cabeça de alguém, num ambiente bem iluminado, contra um pano escuro. Ela decerto viu cores luminosas em torno dessa cabeça depois de alguns minutos – verde, se o pano era vermelho, turquesa, se cor-de-laranja etc. Isso decorria simplesmente da pós-imagem negativa que a retina do olho produz em condições claramente específicas e que é de todo mecânica – ao alcance, pois, de todos os seres humanos dotados de visão normal. Mas não é a *aura*.

A pessoa que deseja ver a aura é como alguém que estivesse de pé numa encosta olhando para as luzes que cintilam nas janelas ao longo do vale; tudo o que ela precisa fazer é atravessar o vale. É notoriamente difícil ensinar alguém, teoricamente, a andar de bicicleta; na prática, porém, quase todo o mundo aprende.

A visão áurica não é um dom especial, mas uma qualidade inerente a todos nós.

Há uma deliciosa história relativa a uma conversa entre Buda e Ananda. Buda começou a dar um nó na ponta de um lenço de seda branco e perguntou a Ananda:

– Que estou fazendo, Ananda?

– Está dando um nó, Mestre.

Buda continuou a dar outros nós, um depois do outro, até perfazer seis. Apresentou então o lenço a Ananda.

– E agora, Ananda, se eu quiser desatar estes nós, por onde devo começar?

– Primeiro – ripostou Ananda – deve descobrir qual foi o último nó dado.

– Muito bem, Ananda! Sucede o mesmo com os seres humanos. Se você começar pelo nó intermediário (o centro do coração), só fará fortalecer os demais. Comece pelo último nó, do contrário todos os seus esforços serão baldados.

A visão áurica está intimamente relacionada com o sexto chacra, *ajna*, e, como os nós do lenço de seda, os chacras devem abrir-se cada qual por sua vez, ao mesmo tempo que permanecem íntima e mutuamente interligados.

Uma antiga lenda celta narra a iniciação de um jovem nos ensinamentos orais dos mistérios desse povo. O rito principia com dois jovens jogando cabo-de-guerra, ou seja, puxando uma corda que apresenta sete nós. O vencedor precisava desatar o nó da ponta da corda que ficava do seu lado, começando pela *outra* ponta. Dispunha para isso de um tempo limitado, e o seu potencial espiritual era avaliado diretamente em relação ao método que empregava para executar tal tarefa.

O cabo-de-guerra simbolizava a tensão entre as polaridades, enquanto os nós representavam os sete centros sagrados do homem; o vencedor se opunha à sua própria força à medida que tentava desfazer os nós através de seus esforços físicos e de sua determinação mental.

Um jovem tinha-se preparado para essa cerimônia e refletira muito antes de empreender a tarefa de chegar ao sétimo nó dentro de um espaço de tempo delimitado: cortou a corda no sexto nó, de modo que lhe restou apenas um para ser desfeito.

Seu sucesso foi completo durante algum tempo. Mas ele já não era capaz de sentir as árvores quando as tocava e deixou de amar os seus semelhantes. Já não conseguia compreender as lágrimas e as afeições dos outros, e nem mesmo o cheiro das flores lhe chegava à consciência. Passado algum tempo, tornou-se tão temido e odiado que foi expulso de sua aldeia natal para ir perambular sozinho e desamparado até morrer. Esse mito era usado, e ainda o é, para ensinar aos aspirantes que o preço da perfeição é uma vida plenamente relacionada com todas as coisas humanas, o que é fácil quando se sobe a escada sem a vertigem sofrida pelo jovem.

No devido tempo toda a humanidade será capaz de ver a aura, e até mais, mas não necessariamente no mesmo ponto em nosso minúsculo quadro de referências espaço-temporal.

Existem muitas concepções falsas acerca da visão áurica:

a) Que é um requisito básico para se saber o que a visão áurica tem a mostrar a respeito de uma pessoa. (Existem outros meios para isso.)

b) Que implica necessariamente uma *completa* integração interior da pessoa dotada da visão áurica.

c) Que é um meio de conseguir poder sobre os outros e/ou uma meta a ser atingida, um prêmio a conquistar, "uma realização a ser ardentemente almejada".

d) Que é obra do Demônio (ou de Deus) ou, em certo sentido, uma forma de magia e, portanto, impossível de ser explicada.

e) Que é o mistério humano final desvendado.

f) Que é antitética em relação aos processos do pensamento científico ou à análise e ao exame metódicos.

g) Que não passa de uma alucinação (defina-se alucinação!!).

h) Que as pessoas aptas a ver a aura notam e registram todos os campos e emanações áuricos de todos os tempos, em todos os lugares, com total clareza e plena compreensão.

i) Que as pessoas dotadas de visão áurica desejam ou estão dispostas a comunicar o que vêem ou as implicações que daí decorrem a outras pessoas, incapazes, elas próprias, de perceber de maneira independente os mesmos fatos.

j) Que todas as auras têm o mesmo tamanho, a mesma força etc., e que todas as pessoas possuem todas as cores; ou, inversamente, que só os santos e os anjos têm auras.

k) Que a aura não é real, mas constitui, de certo modo, apenas um tipo de projeção da construção mental, que é efêmera no sentido pejorativo do termo.

l) Que a aura está encapsulada do mesmo modo que um tecido está encapsulado no interior da pele (a "distância crítica" está intimamente ligada a algumas energias áuricas específicas – o vermelho e o verde).

O equívoco mais generalizado é talvez o de que a posse da visão áurica constitui, de certo modo, uma vantagem cabal, sem embargo de alguns inconvenientes.

As vantagens são que a pessoa é constantemente advertida a respeito da unidade de toda a vida e das "inter-relações" entre as formas individualizadas de vida. Em termos mais pessoais: que se pode *ver* as razões de preferências que de outro modo seriam consideradas irracionais ou não-racionais. A pessoa pode também ver coisas que, às vezes, são passíveis de beneficiar os outros, e sua própria percepção é ampliada. Está mais preocupada com os processos do viver atual do que com qualquer classificação intelectual dos processos passados e das visões de segunda mão.

Quando a consciência não está confinada à manifestação puramente material de energia, há por força uma perspectiva diferente quanto aos valores materiais; percebe-se um crescimento que não é linear, e a pessoa, cada vez mais, "está *no*, mas não é *do* mundo".

Existe o entendimento de que a verdadeira interação não se baseia no que ocorre em termos materiais ou comportamentais. Há uma preocupação cada vez menor em interferir com a pessoa que se é interpondo-se ambições de se tornar alguém diferente.

O principal valor da visão áurica, e o seu corolário natural, é que ela pode ser usada para influenciar os outros de maneira benéfica; quando a percepção que se tem dos outros é ampliada, torna-se mais fácil ajudá-los.

As desvantagens são a vulnerabilidade pessoal e a permeabilidade inerentes à natureza dessa ordem de percepção. Ela torna as interações com o mundo mais perigosas e exaustivas do que para aqueles que não vêem ou não sentem as energias que os rodeiam.

Quando admitimos que vemos a aura, tornamo-nos adicionalmente sujeitos aos equívocos atrás mencionados.

A verdadeira motivação para a ação altera toda uma base consensual, e isso representa um limite muito real, visto que o âmbito do que se pode assumir de boa fé é gravemente restringido. Tal é o problema ético do vidente. Aquilo que é visto acrescenta novas premissas a todos os argumentos, de modo que as conclusões da pessoa podem parecer contrariar as conclusões consensuais – *sem* negar ou falsificar o conjunto de premissas original.

A capacidade para a visão áurica é uma manifestação de um estágio de crescimento interior que lança nova luz sobre o problema do *ethos*. (O *ethos* que é compreendido interiormente não é a mesma coisa que um *ethos* admitido a partir de uma fonte exterior, seja ela qual for.) Conformar-se aos códigos consensuais pode levar-nos a negar ou comprometer o que sabemos e percebemos ser verdadeiro e que não é conhecido ou visto pela massa da qual emana o consenso.

Os problemas se complicam ainda mais pela necessidade de trilhar sendas que se conformam à ordem estabelecida. A intensidade disso será sentida de maneira diretamente proporcional à relativa integração da pessoa.

Finalmente, a fricção na superfície de contato torna-se tão penosa que a retirada parece inevitável. É aí que integridade e integração se encontram. A subseqüente solidão e a sensação de isolamento são uma ajuda eficaz para o crescimento interior, de modo que a força tem de haver-se com as fundas e as flechas lançadas pelos que se aferram a alguns dos equívocos predominantes, ou a todos eles, ou que são apenas cegamente insensíveis.

Sem se poder ir para um lugar livre do bombardeio das mentiras ou da hipocrisia, viver pode tornar-se virtualmente intolerável.

A individuação da pessoa, que brota tanto do crescimento interior quanto do bombardeio exterior, chega a tal ponto que ela necessita de condições de vida incompatíveis com as comunas ou comunidades consensuais. Isso, por sua vez, não condiz com a competição econômica e material da maioria mais fortemente encouraçada.

Se a visão áurica da pessoa não for apropriadamente integrada, poderá desandar numa espécie de moeda corrente, como uma situação desvantajosa numa partida de golfe. Para tais pessoas, os problemas atrás mencionados são muito menos importunos. Quaisquer problemas que venham a ter decorrerão geralmente do contato, mas não da descoordenação.

Um dos efeitos da visão áurica sobre a vida pessoal é que a pessoa precisa lidar com todas as camadas adicionais de energia e as informações aí contidas, assim como atender ao usual "dar a César o que é de César". Entrementes, embora a pessoa possa ser vista pelos outros como dotada de grande percepção, alcance etc., o olho que vê ainda não é visto e, não importa qual seja o horizonte à sua frente, ela vê um outro além.

As necessidades ordinárias, como conforto, *feedback* atinente ao eu real da pessoa, amor e expressão, são as mesmas de todo o mundo. Esse é um terreno onde não cabe o conceito de *Supermensch*, simplesmente porque o super-homem não é humano. As pessoas dotadas de visão áurica são, em definitivo, humanas, e talvez de um modo mais pungentemente consciente do que o comum dos mortais.

O que se negligencia com mais facilidade são as necessidades básicas dos seres humanos e da humanidade. A maçã é comida sem que se pense na árvore de onde proveio. É fácil compreender o que o fruto da vida de uma pessoa significa para você, mas não o que significa para essa pessoa.

Não se deve comparar a visão áurica à capacidade de entortar colheres. Se você possui, e tenta usar, a visão áurica dessa maneira, ela não mudará nada; nenhum crescimento lhe está associado, e finalmente ela irá criar contradições e tensões intoleráveis para aquele que a possui. Não se deve, pois, buscá-la sem a prévia compreensão do esforço necessário e dos inevitáveis corolários.

Códigos Cromáticos

Esta seção trata dos significados específicos de cores particulares e será desenvolvida nos capítulos subseqüentes.

Vermelho brilhante

O vermelho claro brilhante indica força vital intensa, translúcida e socialmente orientada. É vista principalmente nos jovens e ressuma vitalidade. Numa aura onde essa cor ocorre, verifica-se muita ação, que mantém límpida a força vital e purifica o impulso quando a entrada de energia se dá em velocidade adequada.

Revela alta taxa metabólica, mas também boa saúde; há muita adrenalina e outras atividades hormonais.

Vermelho-vivo

Essa cor indica intensa força vital no adulto, com alto nível de energia. É muito comum entre os adultos sadios, e um dos inconvenientes dessa cor na aura é que, se for abundante, poderá invadir o verde desse campo áurico.

Nas partes onde o vermelho-vivo aparece em grande quantidade, ou muito bem delineado, há a predominância de Marte no perfil astrológico da pessoa. É importante que a sexualidade se expresse quando essa cor se acha em evidência.

Escarlate

Essa é uma cor que existe na aura das pessoas muito jovens ou em fase de crescimento, quando o desenvolvimento dos tecidos etc. se dá em alta velocidade e de maneira constante; um fluxo uniforme de elevada vitalidade se torna essencial para a boa formação do corpo.

Quando encontrada em adultos, mostra a existência de impulsões básicas superativadas que ligam um impulso sexual intenso a uma pressão sangüínea potencialmente elevada. Pode ser prejudicial à saúde, pois pode indicar uma depleção das outras áreas e funções do eu. Indica às vezes um estado de frustração sexual que exerce efeito nocivo sobre o corpo, forçando o coração e a fisiologia geral da pessoa. O que é conveniente será mostrado, na interpretação, pelo resto do campo áurico e pela relação entre o vermelho e as outras cores.

Carmesim

O carmesim indica um impulso básico demasiado físico, inadequado para o bem da pessoa, e está freqüentemente associado ao mau humor, à luxúria e a um aspecto de devassidão. Muito contaminada, essa cor dificilmente será vista numa aura com comprimentos de onda refinados.

Pode indicar crueldade, lascívia, violência e propensões explosivas intermitentes.

Esse é o último dos vermelhos comuns. Passemos agora à camada seguinte da *persona*, a dos verdes.

Verde-esmeralda-claro

É a cor do crescimento, da vitalidade do coração; a cor do ego e da expansão do eu. Mostra uma pessoa muito extrovertida e, em geral, criativa, cheia de empatia e generosidade.

Desde que a forma e a quantidade dessa cor não ofereçam contra-indicação, ela revelará emoções equilibradas numa pessoa jovial e otimista.

As pessoas cuja aura ostenta essa cor em grande quantidade agem como se acreditassem que a natureza humana é basicamente boa – confiam no lado positivo do homem e do mundo. Tais pessoas são capazes de regenerar sua própria vitalidade e estão

30

sempre prontas para adaptar-se, a despeito de certa tendência ao individualismo. Um excelente verde para se ter.

Esmeralda-escuro

Indica crescimento, mas também um excesso de emotividade que pode levar à precipitação na busca de individualismo e à expressão da natureza egóica. Pode mostrar, e não raro mostra, que a pessoa sente que o seu potencial de crescimento está sendo obstruído por algum indivíduo ou circunstância.

Nas partes onde essa cor ocorre há sempre a possibilidade de a pessoa sentir-se magoada com alguém ou alguma coisa, ensejando assim problemas egóicos e tempestades emocionais. Não é um verde especialmente fácil de manejar.

Verde-mata

Esse verde indica logro, mentira, avidez e um tipo negativo de ambição, *podendo* revelar uma pessoa deveras má.

Mostra também uma distorção das funções do coração e do ego. Haverá uma repressão deliberada de qualquer tendência ao crescimento espontâneo. Indica ainda um desejo obstinado de permanecer insensível, impassível, aliado a uma disposição egoísta e invejosa. Tais pessoas dificilmente terão verdadeiros amigos, embora algumas delas possam adular os outros por medo de sua indiferença e frieza.

O crescimento é obstruído e acaba por atrofiar-se inteiramente em decorrência desse comportamento interior.

Nas partes onde essa cor é encontrada em grande quantidade há quase sempre um padrão comportamental obsessivo.

Verde-limão

Aqui o verde indica interesse egoísta e auto-orientação consciente até mesmo na vida emocional da pessoa. Com essa cor ela não será afetuosa, já que o intelecto terá sempre certa preponderância, mesmo nas mais intensas situações e reações emocionais.

Quando fortemente presente na aura, mostra subserviência do coração à mente, ou hábitos de pensamentos emocionalizados, ou ambas as coisas. (Dois senhores não valem mais que dois escravos.) A pessoa tende aqui a usar um emocionalismo calculado – lágrimas – como arma; servindo-se das emoções dos outros em detrimento destes, brinca com os sentimentos alheios e os utiliza com mente e coração impuros. Não é um verde positivo. Costuma ser encontrado em associação com o verde-folha.

No verde-folha e no verde-limão têm-se indicações de que a interferência do intelecto nas camadas egóica e emocional obstruiu até certo ponto as funções de ambas, razão pela qual estas se apresentam enfraquecidas e negativizadas.

Verde-oliva-claro

Um verde negativo. Revela uma emotividade frágil e contaminada. Em geral não é encontrado em grande quantidade e costuma estar associado a insegurança e sentimentos de incompetência. Se for visto nas imediações do vermelho, indicará ou problemas sexuais ou frustrações e temores ligados à incompetência. Essa cor está associada a emoções negativas oriundas da insatisfação física.

Pode também indicar mesquinhez de coração no tocante à esfera específica do ser, mostrada na cor ou nas cores *adjacentes*. Está associada a acessos de raiva e a vibrações deletérias.

Verde-oliva

Indica perfídia, burla, tendência patológica à mentira e muitas outras características extremamente desagradáveis. Os alcoólatras costumam exsudar essa cor em grande quantidade.

Revela ciúme profundo, negativo, completa insegurança pessoal e é um importante indicador de genuína paranóia.

Quando essa cor, ou o verde-oliva-claro, está presente na aura, ela contamina todas as cores e vibrações adjacentes. Esses matizes de verde produzem sentimentos assaz desagradáveis, e as pessoas que as manifestam serão evitadas por muita gente que sequer ouviu falar em aura e muito menos a viu.

Verde-jade-claro/verde-maçã

Mescla de verde-claro com azul-claro, constitui a mais elevada das freqüências do verde. Não é um verde comum na aura.

Indica emoções positivas e depuradas, visto ser o resultado da fusão do coração com a mente inconsciente, e mostra um ego parcialmente transcendido pela mente superior. Revela intuição muito ativa e, às vezes, clarividência, refletindo opiniões e emoções comedidas e equilibradas. Essa cor simboliza a pureza das emoções e produzirá uma atitude de proteção para com os outros seres humanos. É também autoprotetora em vários níveis do ser.

Mostra ainda uma pessoa muito criativa e amante da beleza e da arte. É o "coração intuitivo". Quando essa cor predomina, conceitos metafísicos orientais serão encontrados no pensamento da pessoa ou predominarão no seu subconsciente. Dela deriva uma capacidade de pura alegria e uma consciência da abundância do universo – "minha taça transborda". Esse verde indica paciência, passividade e perseverança em face do sofrimento ou da adversidade. Está associado à verdadeira prática filosófica e, unida a mente ao coração e às emoções, dá à pessoa uma parcela da "fonte perene". Excelente, mas raro.

Amarelo-limão

O amarelo-limão indica um intelecto ágil, mas superficial; a pessoa terá uma mente calculista na medida em que é capaz de ordenar seus pensamentos.

Com esse amarelo, os pensamentos serão pouco ordenados e as opiniões tenderão a vacilar. Quando há só um pouco desse amarelo na aura, e nenhum outro mais, haverá uma tendência irrefletida a seguir quaisquer costumes ou modas passageiros. Pessoas de mente fraca estão associadas a esse amarelo em particular e aos tipos mais frívolos de pensamento; por exemplo, o calculismo puro e imediato predominará nos padrões mentais da pessoa. Esse amarelo é encontrado amiúde na mesma aura do verde-folha/verde-limão, e essas personalidades manifestam notória inclinação materialista.

Amarelo-mostarda

Indica opiniões e pensamentos contaminados. Revela pensamento consensual, no sentido pejorativo do termo *consenso*, e também uma tendência à auto-ilusão, crenças de conveniência e um medo bem-definido de investigações intelectuais.

É a cor de muitos políticos e plagiários, e nela se evidencia um tipo particular de cupidez mental – por exemplo, o desejo de saber certas coisas para usá-las em detrimento de outrem. Essa cor, quando encontrada em abundância, mostra uma propensão a usar o conhecimento e as informações como arma. Costuma ocorrer juntamente com outro tipo de amarelo.

Amarelo-dourado/amarelo-açafrão

O amarelo-dourado indica um intelecto vigoroso, enérgico e elaborado. Denota capacidade de concentração profunda quando em grande quantidade ou se estiver bem estruturado na aura.

A presença dessa cor numa aura constitui um tônico positivo para as outras pessoas. Mostra um indivíduo com grande capacidade de organização e muito brilhante, em todos os sentidos do termo.

Se for encontrada em abundância, ou se estiver claramente delineada e bem formada, indicará capacidade de verdadeira inspiração.

O amarelo-dourado indica um intelecto inclinado à sabedoria graças à inspiração, pois o intelecto foi ativado por uma parcela da força vital básica.

É a mente criativa por excelência, a iluminadora de outras mentes. Exerce efeitos místicos sobre as mentes dos outros, e quanto mais sólida for a forma, ou quanto maior for a sua quantidade na aura, tanto maiores serão esses efeitos. É o começo da consciência cósmica.

Água-profunda/azul-pavão

É uma cor muito rara na aura e quase sempre está relacionada com artistas e poetas metafísicos e com matemáticos de ordem superior, bem como com certos músicos. Indica uma mente profundamente energizada, expansiva e intuitiva na ação, composta da cor do crescimento individualizado e do índigo – um azul raro, em todo o caso.

Azul-turquesa

Mente veloz, de alto nível; a cura, em particular, está associada a esse matiz de azul. Revela comunicação quase imediata entre a mente e a energia; uma qualidade fortemente mercuriana permeará a personalidade da pessoa cuja aura contém essa cor em abundância.

O azul-turquesa está ligado às belas-artes, à apreciação estética e à criatividade no mais alto nível. As indicações dependem em grande parte da forma, do tamanho e da intensidade relativa dessa cor com respeito ao resto do campo áurico. Se a cor for forte, haverá uma consciência incomumente perceptiva. Essa cor está ligada a poderes de observação e compreensão extremamente penetrantes. Muito idealista, não está vinculada às reações emocionais. Proporciona grande habilidade para a formação de conceitos e elevada capacidade mental para o exame das informações recebidas. Cor rara, na prática quase sempre ela é confundida com a clarividência.

Azul-celeste/azul-jacinto

Pertencente à mente/psique, essa cor mostra capacidade de cura mental e uma aptidão para a autodisciplina interior, especialmente se for abundante e claramente delineada ou se apresentar configurações e formas específicas.

A pessoa com essa cor na aura exercerá efeito tranqüilizador sobre a mente e o coração dos outros. Inspirada por elevados ideais, será sincera em todos os níveis.

Azul-índigo e azul-real

Essas cores são muito raras nos campos áuricos. Indicam integridade (índigo) e conhecimento não-elaborado (real), e estão relacionadas com o aspecto perceptivo da consciência superior.

O índigo mostra que a pessoa está apta a conhecer, mercê de uma segunda visão, o que acontece no tempo (passado/futuro) e no espaço (em um lugar qualquer), ou em ambos. Indica sinceridade, ausência de consciência egóica e altruísmo. Muito rara, dificilmente se apresenta em configurações específicas. Confere a capacidade de desprendimento e previdência. Haverá ausência de medo auto-orientado e coragem moral da mais elevada ordem. Essa emanação beneficia quem quer que entre em contato com ela e realiza curas nos níveis psíquico e astral do ser. Se for claramente delineada, proporcionará à pessoa grande influência espiritual sobre quantos a cercam.

A presença dessa cor na aura indica o disciplinamento do fluxo que vai do inconsciente para a consciência; está intimamente ligada à função do terceiro olho.

O azul-real é uma mescla de vermelho, índigo e azul-celeste. Os efeitos dessa cor na aura podem ser deveras espetaculares, já que está associada a *siddhis* e poderes mágicos, mas a pureza do índigo ainda não é atingida. O azul-real será positivo em seus efeitos sobre o mundo se as cores adjacentes assim o indicarem. Mas, se estas forem insuficientemente aprimoradas, haverá uma clara tendência da parte da pessoa em questão a enlear-se nas manifestações relativamente infantis da magia.

Cor-de-rosa

O cor-de-rosa é uma mistura de vermelho e branco, e não deve ser confundido com o vermelho-claro.

O rosa mostra uma capacidade de auto-sacrifício e, se estiver claramente definido e bem delineado, ou se ocorrer na parte baixa do diagrama, indicará uma natureza solícita, com a presença de verdadeira compaixão.

Indica a transcendência da tirania dos impulsos físicos básicos. Esse tipo de pessoa não tolerará multidões e barulho e será bondosa e humanitária.

Se houver apenas um bocado de rosa flutuando em torno do conjunto do diagrama, o que se indicará será então um tipo de sentimentalidade indiscriminada que, com toda a certeza, será contraproducente, salvo se for levada a focalizar-se de um modo qualquer, seja pelo ego, pelo coração ou pelo intelecto.

A forma assumida por essa cor e sua posição no conjunto da aura é fundamental para a interpretação.

Nas partes onde ela é forte, a justiça será um requisito básico de ação para a pessoa em apreço. Essa cor mostra um tipo específico de receptividade do coração e forte empatia no tocante às situações vitais dos outros.

Ciclâmen cereja

Essa é mais uma das cores em expansão que se pode encontrar na aura. Indica a capacidade de verdadeiro afeto e, em certas configurações, amizade desinteressada, platônica. Refletirá o desejo de lenir as dores alheias, embora às vezes isso possa assumir uma expressão imatura.

Indica forte necessidade de atuar diretamente sobre os outros. Usada erroneamente, pode ser sufocante e levar a pessoa a mostrar-se despótica para com os outros, em seu empenho de forçá-los a corrigir-se.

Há um tipo particular de auto-expansão refletido nessa cor – relacionado com o abuso da energia jupiteriana – que requer cuidadoso manejo à medida que cresce e toma forma, para que permaneça positivo.

Magenta

O magenta é específico da capacidade de curar a camada física do ser, estando particularmente ligado à cura a distância. É personalizado e contém o excesso de energia do curador. Costuma ser encontrado na aura do acólito imbuído de forte *desejo* de curar. Pode aparecer em pequenas quantidades ou sem forma definida na aura dos que sentem que sua tarefa ou papel na vida é fútil. A verdadeira lacuna não está na sua ocupação, mas na falta de expressão do seu eu profundo. Também aqui a forma e a quantidade da cor indicam sua eficácia no conjunto do campo áurico.

A freqüência dessa cor está mais ligada ao transporte do que à geração e à transmissão. Pode produzir resposta imediata e não-imediata às dores alheias e está intimamente ligada ao plexo principal e à camada etérica de energia no âmbito do corpo. As pessoas com abundância dessa cor necessitam servir-se de uma freqüência transmissora para reabastecer o reservatório de energia ligado, em particular, ao magenta. Há aqui o perigo de uma tendência a exaurir o eu e de uma necessidade de aproximar-se dos outros para preservar a própria sobrevivência.

Malva

Essa cor é uma mescla de rosa e ametista, que indicam, respectivamente, compaixão e prece.

O malva sugere uma qualidade psíquica e receptiva do ser e uma pessoa extremamente preocupada com a justiça num nível humano e terreno. Essa cor é vista, freqüentemente, em torno de médiuns e filantropos. O nível de psiquismo é tal que as visões se relacionarão mais com os eventos materiais do mundo cotidiano que com a percepção da natureza universal do ser. O pensamento tenderá a ser não-abstrato, e as impressões propenderão a chegar à mente já formadas. Essa cor mostra a capacidade de formular à maravilha o projeto humanitário do futuro.

A compaixão mantém o objeto da prece intimamente ligado às pessoas e ao mundo exterior.

Há, contudo, uma dificuldade potencial para se trabalhar no âmbito do setor cromático do malva, do magenta, do verde-escuro e do azul-real. A vontade é impelida a dirigir os eventos quando se usam esses raios e, quer a intenção seja boa ou má, há um risco constante de mau julgamento da parte da pessoa que usa essas faixas de onda. Problemas éticos são especialmente focalizados quando se empregam esses raios.

Essas cores aumentam a quantidade de energia psíquica, sem todavia polarizar para mais ou para menos. A polarização pode ocorrer através das energias áuricas remanescentes tanto por descuido como por determinação; quando por descuido, isso conduz invariavelmente ao lodaçal do auto-engrandecimento, do orgulho e do exercício do poder sobre o próximo. Seja qual for o motivo ostensivo, essa orientação do poder pelo intelecto, necessariamente incompleto, é errada. Mesmo a filantropia nem sempre está livre do desejo de reconhecimento e gratidão públicos. Costuma-se dizer que isso faz parte da natureza humana; ora, a natureza humana é malcompreendida, imperfeita e indefinida, e esta é a mais fraca das desculpas para as más ações. O malva, o magenta, o azul-real e o verde-escuro indicam atração pelo poder; a maioria das pessoas que irradia essas cores manifesta grande "apego" e parece incapaz de livrar-se de sua dependência de *status* especial.

Há um salto quantitativo na taxa vibratória entre as cores acima e as seguintes. Isso se deve a uma passagem crítica da proporção de vermelho/azul para azul.

Ametista

Essa é a cor tanto da cura física como da cura psíquica e está particularmente associada à capacidade e ao gosto da prece e da contemplação. Com essa cor em grande evidência numa aura, haverá profunda aspiração ao conhecimento das dimensões mais sutis do ser.

Essa cor raramente se apresenta delineada numa forma definida, mas, quando isso acontece, indica uma alma venerável, evoluída, quiçá uma encarnação a serviço do próximo conscientemente escolhida. Quando intensa, copiosa e bem-delineada, indica a capacidade de receber e prestar ajuda proveniente de outras dimensões do ser, em geral fora do alcance do homem. Belíssima e muito rara.

Violeta

A mais desejável de todas as cores visíveis numa aura, o violeta constitui uma fusão da integridade do índigo com a própria força vital, indicando um circuito interior plenamente conectado na pessoa, do qual deriva a visão interior.

Essa cor mostra aspiração espiritual de um tipo verdadeiro e prece de elevada ordem, assim como capacidade de profunda contemplação.

A perfeita fusão de integridade e força vital leva à intuição superior, a "vislumbres de imortalidade", e há numerosos matizes purpúreos que não se devem confundir com essa nuança violeta.

Denota clareza interior, devoção cristalina e coração eloqüente, mostrando que a pessoa está consciente da unidade essencial da existência em todos os níveis. Isso é básico e proporciona a capacidade de transmutar o sofrimento individual em energia positiva que eleva as almas das outras pessoas.

Nenhum ritual pode propiciar a vibração dessa cor, a menos que o indivíduo já esteja operando nessa freqüência. É o limite superior da freqüência encarnada que se manifesta em nível terreno. Há sugestões de ordem cósmica refletidas aqui e em toda a parte, mas esse é o ponto mais elevado da gama que se manifesta diretamente na aura humana.

Pêssego

Pêssego é a cor que se produz na aura quando a pessoa está fortemente motivada por uma mescla de verdadeira sabedoria e compaixão. É, por isso mesmo, muito rara. Mostra a capacidade de compreensão por via da compaixão e está associada à velhice – quando esta chega – e à época fértil da vida, quando todas as lutas ficaram para trás.

O sentimento exsudado por tal pessoa é reconfortante e benigno, mas tem uma qualidade imaterial de força considerável, por pertencer ao tipo solar evoluído.

Laranja

É a cor da força vital da personalidade, da aptidão social e das reações subjetivas rápidas.

Essa cor é boa para os negócios ou para qualquer ocupação que tenha como requisito básico uma natureza extrovertida.

Pertence essencialmente ao sistema ad-renal e aos rins e, em condições ideais, auxilia a autopurificação por meio da ação. Indica uma pessoa orientada basicamente para a ação e está intimamente ligada à luta e às respostas subjetivas rápidas.

É uma mescla de energia de impulsos básicos e de energias solares, amarelas. Proporciona vitalidade nos jovens e tensão nas pessoas mais idosas.

Laranja-escuro

Cor associada a úlceras e enxaquecas. É a cor do orgulho negativo e da tensão. A pessoa com essa cor será, agressiva e arrogantemente, independente, quase sempre em público, e os efeitos dos processos que a engendram logo se tornam destrutivos à saúde e ao *status* ético da pessoa em questão. O mau vendedor a exsuda em abundância. Essa cor está relacionada com o castanho-amarelado.

Castanho-amarelado

Indica uma grave falta de pureza, tanto psicológica quanto física. Mostra forte ganância. Trata-se do castanho contaminado por um tipo de laranja.

Essa cor reflete um conflito entre a reação subjetiva, o reflexo social e um forte senso das convenções. A competição com os vizinhos é um modo de vida para o qual muitos homens de negócios se sentem impelidos. Essa cor é mais comum quando se foi obrigado a recorrer à astúcia para reforçar a capacidade intelectual, e tais pessoas são quase sempre desonestas.

O castanho-amarelado representa o intelecto concentrado na Terra com o objetivo de auferir ganhos materiais.

Em certos casos, a *forma* pode indicar que a cor é simplesmente o resultado de alguma séria disfunção nos rins. É muito improvável confundir o que deu motivo a essa emanação.

Castanho-chocolate

Indica uma necessidade imperiosa de ordem ou até uma compulsão para ela. Tudo tem de estar certo o tempo todo. Todavia, a noção de "certo" varia de lugar para lugar e de circunstância para circunstância. Assim, o que se pretende significar é realmente "conforme o costume ou a convenção dominante".

"É mais do que vale o meu trabalho" é uma frase que se poderia associar a essa cor.

A pessoa que exsuda o castanho-chocolate mostrar-se-á muito preocupada com o que os outros pensam dela e não hesitará em mentir para criar a impressão desejada. Se é que tal coisa existe, essa é a cor do "valor nominal".

Temos aqui um homem pronto para dar tudo a César. O castanho-chocolate é o empate entre o vermelho e o verde e indica uma estase temporária – espera-se – no crescimento da pessoa. É improdutivo e, portanto, negativo em termos humanos.

Cinza

É a cor do medo, da doença, da depressão extrema e da perigosa negação do eu como um todo. Não raro está particularmente relacionado com a asma, e nas auras costuma ser visto associado ao castanho. Não é encontrado juntamente com uma cor ou cores claras.

De todos os matizes específicos, o cinza é o que encerra as implicações mais inquietantes e ameaçadoras para a pessoa que o exsuda.

Castanho-turfa

Assemelha-se ao castanho-chocolate, mas encerra uma mescla de cinza.

Pode aparecer em alguém sob o jugo de um tirano, seja ele um chefe, uma esposa ou um regime político tirânico.

Incomum, mas é lamentável ter essa cor na aura.

Bege

Essa cor representa a mediocridade como uma arte. Mostra a bem-sucedida negação do potencial (provavelmente pequeno) com que a pessoa começou. É vista amiúde, em pequenas quantidades, ao lado do verde-oliva. Extremamente lúgubre e improdutiva.

Prata

Não confundir com a cor do etérico. Indica logro e, às vezes, uma incapacidade de dizer a verdade ou de preocupar-se com ela. A palavra velhaco logo acode à mente. Tudo depende de *onde* essa cor ocorre numa aura – parte inferior ou superior – e de que cores lhe são adjacentes quando se tenta interpretá-la.

Está próxima do preto e relaciona-se com a fase lunar de Hécate.

Ouro

Extremamente raro, *não* é um branco metálico, mas dourado. Quando irradiado, verifica-se uma real autotranscendência. Essa cor dourada transmuta todas as outras cores da aura da pessoa. Obviamente, não será encontrada em associação com as cores lodosas mencionadas no código. É o Raio do Sul, do homem ou mulher verdadeiramente piedoso, do atmã ou do adepto plenamente emplumado. Tal pessoa se acha num ponto de desenvolvimento no qual é capaz de controlar as emanações áuricas do seu ser e de muitas outras funções. Parece supérfluo ressaltar que se trata de uma cor rara.

Branco

Uma aura de puro branco seria a de um mestre, de um avatar ou de um buda. Quando há uma área de branco na aura do indivíduo, isso significa que ele ou ela tem uma pureza de espírito consumada e crescente e uma aspiração a seguir um mestre ou um ideal; tal aspiração *não* será um mero desejo intelectual. O branco, quando porventura ocorre, é encontrado geralmente em conexão com o azul-claro do idealismo e da mente superior, o róseo-concha do coração altruísta ou o ametista da prece vigorosa e da meditação depurada.

Preto

O preto não constitui realmente uma cor e é até mais raro do que o branco. Quando se manifesta, é mais como uma mistura com outras emanações áuricas do que como um preto direto. Reflete o caos, o mal, a destruição e a negatividade personificadas.

É a cor da invisibilidade espiritual, e aqueles que a irradiam são dissimulados e estão completamente apartados de toda luz.

Introdução aos Diagramas Áuricos

O capítulo seguinte contém sete diagramas e sete explicações desses diagramas.

Os diagramas não são especialmente representativos do mundo em geral, mas cobrem idades que vão dos três aos sessenta e tantos anos, e todos eles oferecem coisas interessantes e específicas acerca dessas idades. A seleção foi difícil, pois havia centenas de exemplos à escolha.

As explicações contidas neste livro *não* são as descrições pormenorizadas das pessoas com seus diagramas originais. Isso porque, em primeiro lugar, eles estão aqui para ilustrar os efeitos das vibrações cromáticas na prática e para mostrar algumas das numerosas formas potenciais; e, em segundo lugar, as descrições originais seriam demasiadamente pessoais e profundas em suas análises para poderem ser publicadas.

Não mostramos, deliberadamente, os diagramas de gente famosa, líderes espirituais, literatos *et al.*, visto não representarem aquilo com que se ocupam os diagramas, a saber, ajudar de certa maneira os que desejam aprimorar-se ou compreender melhor o que são e o que estão fazendo aqui. Em todo o caso, muitos rostos famosos se escondem entre as cores e as formas mais triviais.

Esperamos que você possa entrever a idéia subjacente à abordagem analítica das cores e das formas e avaliar as possibilidades que tiveram de ser omitidas aqui.

Que vem a ser um diagrama áurico? Que é que o torna diferente, digamos, de uma fotografia da aura? O diagrama foi apresentado ao leitor no capítulo precedente. A fotografia da aura fornece uma visão muito mais superficial e incompleta do campo de energia bruto e *não* inclui as camadas sutis. Fotos Kirlian, por exemplo, mostrarão a existência de um campo e indicarão que ele não flutua nem varia em sua vibração básica, mas isso é tudo o que elas lhe mostrarão.

O simples fato de se ver a aura ao redor das pessoas pode revelar-se falaz caso não se disponha de um tipo de análise mais requintado, como uma superposição. Essa é a superposição – ou antes, as superposições – que se torna possível através do método de análise áurica ilustrado por Geoff Treissman.

Quando se analisa um diagrama áurico, usa-se uma fotografia – geralmente em branco-e-preto com fundo claro. Dela emanam as cores áuricas da pessoa – tais cores *não* são estáticas nas fotografias. São notadas e tornam-se uma chave num estado meditativo em que as formas e os símbolos são dados. Tais fórmulas e símbolos refletem em profundidade a natureza e as características da maneira pela qual a pessoa está usando suas energias para expressar a totalidade de sua vida.

As formas e os símbolos que aparecem no diagrama têm um significado e uma fonte específicos. O significado dos símbolos não muda de uma cultura para outra.

O grau de diafaneidade ou de opacidade num diagrama indica o nível de evolução espiritual da pessoa nessa ocasião e a extensão do vínculo consciente que ela mantém com sua própria natureza divina.

A parte inferior da ilustração indica o relacionamento orgânico da pessoa com a terra, sua função ego-social, suas emoções, ou seja, o eu cotidiano. Aqui as formas são, em geral, pictoricamente pragmáticas e expressam o modo com que a pessoa funcionará em suas relações com o mundo e o próximo.

A parte superior da ilustração se refere à mente inconsciente, às esperanças, aos sonhos, aos ideais e, em certos casos, à realidade espiritual concreta, manifesta dessa pessoa.

O diagrama está contido num círculo sobre a página para representar a esfera de existência da pessoa no momento em que esta se encontra com a esfera do mundo; a esfera do mundo invade a da pessoa em qualquer tangente a esse círculo. Isso é significativo, porque a visão da pessoa, vista de fora, é o que está disponível no perímetro do círculo; o que é central costuma estar oculto, ou apenas insinuado. Um diagrama esteticamente equilibrado reflete uma alma harmoniosa.

As interações e conexões contidas no diagrama das cores e símbolos indicam integração e coerência num indivíduo. *Se* as cores e os símbolos mantiverem um alto grau de coerência entre as metades superior e inferior do diagrama, haverá então um fluxo entre a mente inconsciente, os ideais, a *persona*, as decisões e as ações dessa pessoa na vida prática, e daí poderá brotar uma compreensão ativa dos ideais superiores e da necessidade de direção espiritual.

As superfícies de contato entre a esfera pessoal e as esferas alheias e o mundo são as dinâmicas que fazem o mundo palpitar; isso será examinado mais minuciosamente num capítulo posterior.

O valor da análise e do diagrama áuricos é que eles refletem o ser da pessoa em termos de energias concretizadas e as representam de forma visual. Esse reflexo, se permitido, ativará a psique e possibilitará uma compreensão mais cabal do eu interior e da Freqüência Intermediária. Examinando o seu próprio diagrama, a pessoa pode ver exatamente onde se localizam os bloqueios ou os fluxos de energia e que relação estes mantêm com os demais aspectos de seu padrão energético. Isso ajuda a facilitar o fluxo das energias do indivíduo.

Muita gente se surpreendeu ao descobrir que o caráter refletido na aura e no diagrama áurico foi mais positivo, mais interessante ou mais colorido do que o de sua auto-imagem anterior. Isso é importante, porque a auto-imagem quase sempre bloqueia o potencial das pessoas.

A auto-imagem costuma ser totalmente errônea e brota, não de um discernimento qualquer, mas do condicionamento. As reflexões lúcidas do eu e o discernimento são os principais modos de se transcender o condicionamento.

Nas ilustrações a seguir, nenhuma das pessoas aqui usadas como exemplos descreveriam a si mesmas de um modo tão positivo como o indicado pelos diagramas. É lícito dizer que somos sumamente treinados para descobrir defeitos, mas o discernimento das qualidades não é assim tão comum. Descobrir defeitos raramente deixa de ser destrutivo e, quando temos vinte e cinco ou trinta anos, todos nós ouvimos falar muito a respeito de nossas limitações e defeitos, mas pouquíssimo sobre a nossa pessoa real – apenas as inconstantes funções requeridas de nós pelas modas e pressões passageiras etc. Assim sendo, não admira que muitas pessoas tenham necessidade de receber um incentivo adequado para acreditar que vale a pena crescer com certa velocidade. O diagrama áurico é um desses incentivos.

Diagramas Áuricos
Exemplificativos

Diagrama Um

Diagrama Dois

Diagrama Três

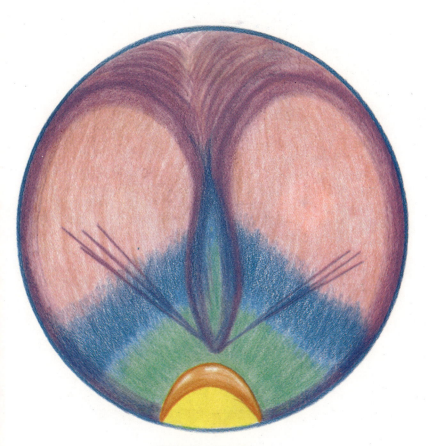

Diagrama Quatro

Diagrama Cinco

Diagrama Seis

Diagrama Sete

Diagrama Um – Menino de três anos

O meio círculo de vermelho-claro brilhante, na base do diagrama, indica boa saúde e muito potencial para um rápido crescimento físico.

Logo acima há uma forma em ponta de seta em verde brilhante; essa forma ratifica quase por completo o vermelho das cores remanescentes da ilustração. Com efeito, a consciência cotidiana e os mecanismos de pensamento são ainda relativamente indefinidos e o amarelo, juntamente com o laranja da metade inferior do diagrama, indica antes potencial intelectual que nível de desempenho.

De fato, a abundância de amarelo numa criança tão pequena mostra um nível provavelmente elevado de inteligência racional que se manifestará mais tarde numa forma reconhecível.

As listras laranja revelam a energia puramente adrenalínica de uma criança pequena – todos sabemos como é difícil acompanhar-lhe o ritmo – e a ansiedade para "corrigi-la".

Bolhas azul-pavão elevam-se do verde, através do amarelo, para encontrar-se com o cereja e o azul-claro da parte superior do diagrama. Essas bolhas mostram uma capacidade inata não-formulada, mas distinta, nas áreas da poesia, das línguas, da música etc. O azul-claro indica até que ponto a mente inconsciente pode ser eficaz (a criança ainda é relativamente incondicionada e, como a sua faculdade intuitiva não se expressou, por enquanto não está sujeita à erosão e destruição costumeiras).

A cor cereja mostra que, interiormente, essa criança é muito calorosa e afetiva e que, provavelmente, é boazinha, por exemplo, com os irmãos e as irmãs.

Diagrama Dois – Moça de dezesseis anos

O clássico vórtice do crescimento interior é visto aqui em verde-jade-claro.

O vermelho, em forma de buraco de fechadura, mostra o princípio de um olhar para os vários impulsos do eu e a abertura para uma visão da vida adulta. As estrias vermelhas mescladas ao verde-folha da base da ilustração produzem alguns bocados lodosos, mostrando um sentimento de insegurança e ansiedade em relação ao que a pessoa em desenvolvimento vê no mundo adulto. Nesse ponto da vida da moça, o verde também toca o amarelo, de modo que as preocupações comuns à adolescência se expressam aqui nas formas de um diagrama áurico.

Entretanto, além do material da base do diagrama, há abundância de cor extremamente refinada, que em verdade predomina no conjunto do diagrama.

Há, primeiro, boa quantidade de cor-de-rosa, que se relaciona com o intelecto, através do amarelo, e com o aspecto filosófico da mente e da *persona* quando estas se expressam no verde-jade.

O vórtice jade invade o azul-claro anteriormente não-delineado, de modo que princípios e ideais estão sendo cristalizados interiormente nessa época da sua vida. O vórtice está inspirando o amarelo que, por sua vez, molda a mente pensante. Eis uma senhorita muito adiantada nos aspectos psíquico e espiritual do ser.

Gentil e requintada, com muita vida pela frente, ela será uma mulher adulta notável, dona de grande potencial.

Diagrama Três – Homem por volta dos trinta anos

O vermelho aqui é singular pelo fato de estar em contato com o azul-índigo e servir-lhe de suporte. O vermelho é bastante claro, indicando boa saúde, e a forma do índigo semelha um cálice. Esse homem concentrou, evidentemente, toda a sua energia nas metas mais elevadas, e o ambiente físico e o estado de saúde terão um influxo imediato sobre o aspecto clarividente e espiritual do seu ser. De cada lado do vermelho há verde-jade, muito depurado para uma encarnação masculina, mostrando uma natureza artística. A forma, porém, é regular e forte, havendo, pois, muito equilíbrio e certeza interiores. O cor-de-rosa indica pureza e compaixão pelo próximo e uma necessidade de ambiente tranqüilo para a pessoa operar nos níveis superiores.

As linhas e a cruz de cor púrpura indicam uma tendência natural à cura a distância ou direta, e também uma propensão a curar sem que ele próprio esteja consciente de fazê-lo.

O amarelo, a cor da mente racional e da inspiração, está claramente relacionado com a inspiração nessa figura. Localizado inteiramente na parte superior do diagrama, apresenta-se numa interação dinâmica com o azul e os púrpuras. Há uma consciência excepcional imbuída de profunda sabedoria e, devido ao cristal central de índigo, grande integridade em todos os níveis.

Embora belo, esse diagrama *não* é típico, mas ilustra perfeitamente a interação dos vários níveis de vibração, que costuma faltar. As cores estão todas onde deveriam estar, e o amarelo funciona no máximo de seu potencial. O idealismo está relacionado, por via do amarelo e do púrpura, com o índigo e, a partir daí, com o próprio vermelho.

Diagrama Quatro – Mulher beirando os quarenta

O diagrama dessa mulher apresenta cores e formas muito brandas e intuitivas. Mais uma vez o verde é refinado e suave, e os malvas e púrpuras, embora efêmeros na forma, denotam potencial para a cura ou ao menos para exercer alguma forma de atividade paramédica.

Não há muito desenvolvimento intelectual, mas com o pendor para a intuição isto é provavelmente natural, já que raro ambos são encontrados operando simultaneamente na mesma pessoa sem que um interfira no outro.

A forma mostra que ela é introvertida, tímida e muito autodefensiva. Há muito esforço interior em ação, mas ela demonstra pouca confiança; isso se deve em parte ao fato de ter sido talvez levada a sentir que sua capacidade intelectual é precária e de não estar cônscia dos seus outros potenciais. A palavra-chave nesse diagrama é *potencial*; outro termo básico é *refinamento*, e a totalidade da pessoa aqui refletida é uma mulher solícita, *sensível*. O vermelho é em forma de crescente invertido, não havendo, portanto, um uso pleno ou apropriado da força vital básica; é isso, aliado à consciência que ela tem do fato, o que bloqueia o amarelo abaixo do vermelho, impedindo-a de discernir seu verdadeiro potencial.

A gota purpúrea que se move para baixo no centro da figura está tentando estabelecer contato com o vermelho e, a partir dele, com o amarelo, mas ainda não o alcançou. Quando os dois se fundirem, haverá enorme crescimento, desenvolvimento e concretização de considerável potencial de cura. Um diagrama muito suave.

Diagrama Cinco – Um homem recolhido

Empenhado na busca da verdade e da sabedoria, ele é poeta e lingüista.

A forma do vermelho mostra a tocha da fé interior, que agora se fundamenta em sua força vital básica e molda os demais aspectos do seu ser e fazer. O vermelho ainda é bastante claro e está parcialmente iluminado pelo amarelo do intelecto.

Mais uma vez o verde é altamente refinado e incomum e se liga quase por inteiro às chamas purpúreas e róseas da compaixão, da bondade e da prece – filantropia, na prática –, enquanto as outras chamas purpúreas se ligam ao róseo por trás delas e ao amarelo dessa mente intelectual.

O amarelo está muito espalhado e chega diretamente ao alto do diagrama, mostrando que essa pessoa instilou, na consciência cotidiana, sua força vital e os usos desta, sua *persona* – que é subserviente à sua filantropia –, suas tendências à modéstia e também seus elevados ideais, representados pelo azul-claro.

A espiral de fumaça azul – seus ideais conscientes – eleva-se qual incenso, a partir do eu básico, rumo ao nível cósmico, que, teoricamente, se estende a partir do alto do diagrama e para além dele.

As formas globais fluem juntas e o sentimento é límpido e nobre. Eis um homem que não se deixou estragar pelas necessidades da vida diária, como casamento, família, trabalho etc. Ideais e vida mostram aqui não serem incompatíveis.

Diagrama Seis – Homem de meia-idade

Discreto, operoso, benévolo e movido por elevados princípios. O pombo-correio vermelho mostra excepcional devoção aos deveres práticos e o modo com que a força vital é canalizada para a consecução do que ele considera correto e necessário.

O verde é o verde-claro das emoções sadias e de um ego e uma personalidade normalmente estruturados; está diretamente relacionado com o vermelho, o amarelo e o rosa. Seu ego está subordinado e intimamente ligado à sua energia prática, enquanto o pensamento está alinhado com ambos, e também com a bondade e a compaixão mostradas pelo rosa.

É raro encontrar tanto rosa na aura de um homem prático, e esta é evidentemente uma parte importante do seu ser. O rosa está associado ao azul-claro da devoção e ao púrpura-malva do alto do diagrama. A formulação clara do púrpura mostra que o nível espiritual desse homem é muito mais completo do que o seu amarelo lhe permite perceber diretamente. Há um aspecto fortemente religioso e ritualístico de seu ser que é alcançado na prática pelo rosa da bondade, da compaixão e do auto-refinamento. O conjunto do diagrama é o de um homem que está em sintonia tanto com o céu como com a terra e em paz consigo mesmo. Isso só será evidente para os poucos que o conhecem bem e a quem ele mostra os aspectos superiores de sua natureza. O nível geral de vibração é muito elevado.

As necessidades diárias terão lapidado esse homem, tal como o diamante é lapidado para brilhar e refletir, refratar e espectrificar. A forma global é coerente e dinâmica, indicando um senso de integração de todos os níveis na prática. Um homem bom.

Diagrama Sete – Mulher de meia-idade

Essa figura mostra algumas das peculiaridades mencionadas no código cromático ligadas à ausência de um verdadeiro vermelho num diagrama. Nesse caso, o vermelho foi substituído pelo cor-de-rosa, indicando certo tipo de transcendência física, enquanto a forma sugere que isso se produziu mais em decorrência de um esforço interior do que de uma necessidade exterior.

O verde é jade e a forma é suave e simétrica, mostrando uma personalidade e uma estrutura emocional plenamente disciplinadas. O verde-jade envolve a esfera cor-de-rosa, de modo que controla totalmente a função vital básica quando chamado a fazê-lo. Isso é extremamente raro.

O campo total da vida dessa pessoa é de cor violeta, denotando uma vida muito incomum e orientada para a prece; sua *raison d'être* é um tipo particular de cura, já que tal prática está na base de toda a sua vida na Terra. Acima do violeta encontram-se o azul-claro e a estrutura piramidal branca, que é efetivamente um transformador de energia. Isso mostra que a mente inconsciente é de todo coerente e está concentrada na transmutação do sofrimento em sabedoria, assim como na transmutação da prece em inspiração e sabedoria. A abundância de amarelo-dourado mostra que o intelecto e a mente cotidiana estão cônscios do resto do ser e que operam com vistas aos mesmos objetivos. Essa pessoa cura em mais de um nível. Pode-se ver um eco da forma do verde no amarelo (ou vice-versa), a indicar que a coerência é completa, o que é raro.

Formas-pensamento e Símbolos Áuricos

Já mencionamos o fato de que o campo áurico está constantemente flutuando. Algumas dessas flutuações são superficiais e de curta duração; outras, resultantes de opções de vida, permanecem por longos períodos e refletem profundamente a psique. Para simplificar, vamos referir-nos às primeiras como formas-pensamento e, às segundas, como símbolos.

Em primeiro lugar, as formas-pensamento não refletem precisamente pensamentos específicos; refletem, antes, a condição passageira ou o estado da mente da pessoa. Em geral, ocorrem nas imediações do corpo e, como reproduzem diversos estados mentais, podem surgir sob qualquer cor. A forma e a cor do *pensamento* será um amarelo denso, provavelmente bem definido. As formas-pensamento quase sempre estão ligadas às nossas relações com acontecimentos passados ou presentes, imediatos ou distantes. Nem sempre é necessário que a causa do sentimento ou da reação esteja presente nos termos temporais ou espaciais do observador; por exemplo, uma pessoa evocando alguém que conheceu há muito tempo e de quem gostou pode produzir uma explosão cromática que terá sido induzida pela presença da outra pessoa naqueles dias recuados.

Essa explosão cromática pode ser informe como uma baforada de fumaça ou apresentar um contorno definido, mas fugaz. Uma pessoa rezando pode, temporariamente, produzir em sua aura a forma da cruz como ressonância do objeto venerado, o batismo ou alguma sólida crença que permanecia adormecida. Por outro lado, uma pessoa violentamente enraivecida produzirá clarões irregulares de vermelho; alguém envolvido com traição gerará algo parecido com um grosso gancho esverdeado; e, no avarento, garras marrom-ferruginosas, fortemente alaranjadas ou cor de mostarda, são em geral emitidas.

As variações possíveis são infinitas, desde a pontiaguda flecha amarela do intelecto altamente concentrado até o rosa-claro da dedicação.

Essas formas-pensamento, embora passageiras, são explosões de energia de freqüências específicas e, como tais, alimentam todo o nosso ambiente. Assim, um lugar em que determinada freqüência constitui a energia predominante, emanada dos passantes por um dado período de tempo, adquire, ele próprio, ressonâncias múltiplas dessa freqüência. O santuário de uma catedral, o assoalho da Bolsa de Valores, o Palácio de Westminster, Dachau, Belsen e o Kremlin retêm, em última análise, uma aura própria tangível.

Vivemos constantemente com as projeções e exsudações de outros seres humanos e seus muitos estados de consciência. A natureza inteira é sensível a essas energias, desde as pedras preciosas, passando pelas plantas, até o reino animal. É-se tentado a supor que existe uma séria obrigação de examinar o nosso comportamento interior *ao menos tão rigorosamente* quanto as nossas ações exteriores.

Quando se observa a aura de uma pessoa no curso de uma conversação, pode-se ser enganado pela tendência da cor emitida durante esse período, pois um tópico emotivamente carregado produzirá, em geral, uma quantidade muito maior de verde do que costuma acontecer com a pessoa em questão. Similarmente, as cores do medo e da insegurança, do ódio e do ressentimento podem ser induzidas em praticamente todas as pessoas, sob certas circunstâncias – e, de novo, os resultados imediatamente visíveis conduzirão ao engano. Tais explosões relativamente efêmeras de energia cromática são muito mais um zumbido de fundo do que a melodia individual da pessoa.

Quando se percebe, em muitas ocasiões e por dilatado período de tempo, a forma de uma cor particular visível na aura, ela pode ser lida como símbolo desse aspecto da consciência relacionado à cor em questão. São formas representadas nos diagramas áuricos e que constituem parte da pessoa tanto quanto o seu corpo. Literalmente, milhares desses símbolos têm sido registrados ao longo dos anos.

Os símbolos mais duradouros e mais profundamente enraizados tendem a apresentar-se simétricos, e os mais entranhados de todos são os encontrados nas cores de freqüências muito altas.

Uma pergunta comumente feita aos autores diz respeito à relação da aura com a morte. Muitas pesquisas, muitas observações se fizeram nesse campo, através de múltiplos métodos de abordagem e por pessoas dos mais variados tipos. Há plena concordância em pelo menos um ponto: por ocasião da morte física, ocorre uma substancial e mensurável descarga de energias, inclusive a elétrica, todas aparentemente bastante concentradas e movendo-se numa dada direção. Essa descarga de energias não se perde na terra ainda que isso lhe seja possibilitado. A destinação de semelhantes corpos de energia ou as razões para a ligeira variação de seus pontos de descarga localizados no corpo são ainda um mistério para o pesquisador empírico, mas não constituem novidade ou problema para as diversas tradições místicas.

Há energias integrantes da aura que fluem através do corpo e têm sido mais ou menos ignoradas no Ocidente. Para elas, não existe ainda terminologia científica. É de crer que essas energias sem nome sejam coletadas e dirigidas pelo Formulador Interno – a psique – por ocasião da morte. O processo é quase inteiramente desconhecido, a despeito de ter sido testemunhado em parte durante milênios.

Ironicamente, enquanto a morte *auxilia* o F. I. e essas energias de alguma forma coerente, certas substâncias (incluindo as drogas, naturais ou sintéticas) *interferem* com o nosso campo de energia. Muitas vezes se observou que a aura, o etérico e a psique são severamente afetados por drogas e anestésicos. Os efeitos não raro são letais, mas em nosso mundo o cirurgião *não pode* levar isso em conta porque as condições que exigem uma operação talvez se revelem fatais se não forem tratadas, ao passo que os efeitos da dor e do choque são notórios e bem documentados.

Menos drásticos, mas talvez mais insidiosos, são os efeitos graduais a longo prazo de drogas como os alucinógenos ou os sedativos. Aos poucos, eles vão minando a capacidade de atuar em freqüências específicas e estropiando a psique – como sucede, por exemplo, com os viciados em LSD.

Ao redor de pessoas que ingerem tranqüilizantes comuns cresce gradualmente um halo, primeiro em volta da cabeça, depois da região dos rins. Há também a tendência a apresentar uma nuvem em torno da área do fígado. É lento o processo de dispersão desse halo, mesmo depois que a droga deixou de ser ingerida.

Os alucinógenos tendem a produzir distorções no contorno da aura, especialmente na área da espinha dorsal e do crânio. Tais efeitos, se extremos, são quase impossíveis de debelar. Todas as drogas, e muitos tipos de alimentos, afetam visivelmente a aura, prejudicando-a, de modo que convém ser prudente no uso de remédios.

Certas drogas, sobretudo as provenientes de fontes naturais, como as plantas, têm efeitos sensoriais que favorecem a aura, com repercussões benéficas sobre o corpo e o estado geral do paciente. O efeito calmante dos florais do Dr. Bach deve merecer todo o crédito. Em questão de segundos, o corpo áurico começa a suavizar-se e a clarear, mesmo depois de um choque violento ou no caso de angústia extrema.

Seria por demais trabalhoso enumerar as repercussões áuricas provocadas por substâncias que habitualmente ingerimos. Antes de mudar de assunto, porém, devemos ressaltar que um dos efeitos prejudiciais do álcool é o de dispersar, rápida e substancialmente, a energia do campo áurico. O álcool, dessa forma, não apenas debilita o organismo como reduz a quantidade de energia à disposição do F. I. Ele desgasta a psique e, por um longo período, o abuso na ingestão provoca o mais distorsivo efeito sobre a aura até hoje observado. Criou-se uma mitologia muito exagerada a respeito do fumo; seu consumo não parece prejudicar diretamente a aura. Os autores observam, de passagem, que o fumo foi, durante milênios, uma importante fonte de remédios em várias regiões do globo.

A telepatia e a percepção extra-sensorial (P.E.S.) são duas das muitas funções da energia áurica, tal como a respiração é uma função do corpo. Várias formas-pensamento mostram-se pouco vitalizadas e maldefinidas. Outras, que trazem uma carga ponderável, têm longo alcance em termos de tempo e distância. Podem deslocar-se por enormes distâncias e durar por significativos períodos de tempo. De alguma maneira ainda não totalmente compreendida, a função intelectual de certas pessoas parece favorecer essas transmissões. Depois de, deliberadamente, enviar pensamentos específicos a um dado receptor, o transmissor se sentirá fisicamente depauperado; talvez isso se deva ao fato de a mente racional estar ligada à energia do corpo e ao etérico. O grau de fadiga parece provir antes da concentração que simplesmente da transmissão, a qual não provoca desgaste quando ocorre de maneira espontânea.

A P.E.S. envolve antes a recepção que a transmissão de pensamentos e impressões energéticas, e também é desgastante quando não-espontânea. Isso não ajuda muito o pesquisador inclinado a adotar técnicas empíricas de laboratório. Indaga-se, com efeito, se a esterilização do ambiente reage ao seu emprego – ela parece influir nos resultados –, mas esses métodos nunca levam a outra coisa que não insípidos dados numéricos. A pobreza da abordagem e a rigidez dos métodos escolhidos se refletem nos resultados. É possível superar tais obstáculos no curso da pesquisa, como é possível caminhar com correntes à volta dos quadris – ambas as situações inibem o progresso e a liberdade.

A aura e suas funções, incluindo a telepatia e a P.E.S., constituem aspectos altamente sensíveis do ser humano, e sua receptividade e coesão não podem ser desenvolvidas a marteladas. Sabe-se que a energia psíquica é uma serva muito recalcitrante do intelecto e que, no homem, talvez esteja relacionada com algum outro aspecto da consciência. Trata-se de uma das energias identificadas dentro do sistema solar, a qual vitaliza todos os organismos vivos. É uma das que sustentam o campo áurico exterior e está ligada à sensibilidade irracional e à transferência da informação subliminar no nível psíquico, à consciência transcendental e àquela parte específica do homem relacionada com o que Jung chamou "inconsciente coletivo". Em geral considera-se que esse conceito de Jung é aplicável, única e exclusivamente, à coletividade humana. Mas há razões para crer que se trata apenas da ponta do *iceberg* da unidade universal do ser e da consciência.

À medida que abordagens mais sensíveis surgem e se desenvolvem no âmbito da busca interior, uma compreensão mais apurada evolui a partir do complexo grupo de energias com que o ser humano se acha envolvido e que cada pessoa projeta, em parte, em sua aura.

Como as formas-pensamento podem ser transmitidas e recebidas, elas afetam temporariamente aqueles que as captam, e esse efeito será proporcional à potência e à especificidade dos pensamentos em questão. Foi esse o fato que, em parte, gerou a tradição dos mestres particulares, gurus, mentores e atormentadores.

Uma pessoa transmitindo em alta potência afetará muitas outras e modificará profundamente aquelas com quem mantiver contato pessoal. Em termos de aura, vale certamente o provérbio "dize-me com quem andas e dir-te-ei quem és".

Assim como o ouvido humano não consegue captar o som de um apito para cães, assim algumas pessoas, devido às suas limitações, não conseguirão responder às altas freqüências da energia transmitida, seja ela uma emanação ou uma forma-pensamento. Esse pode ser realmente um grande problema, mas só para a

70

gradação da consciência que ocorre em grupos de pessoas. Os fatos concernentes à vida e à morte dos grandes mestres, bem como às de mestres e santos menos conhecidos, dão flagrante testemunho do limitado alcance da consciência comum. Ter uma bonita aura não é garantia de popularidade ou sobrevivência. Na verdade, ela poderá impor-lhe neste mundo um destino pior que a morte.

Os Sete Níveis do Ser

No Capítulo I, dissemos que os grandes vórtices de energia existentes no sistema humano são cruciais para a saúde e o equilíbrio dos níveis físico e psicológico do ser. Se eles não funcionarem adequadamente, absorvendo e transferindo vibrações específicas de energia, o sistema se desequilibra.

Há sete vórtices principais. Em primeiro lugar, o sistema reprodutor, que partilha a base do vórtice espinal com o *shushumna*. Esse chacra é da alçada de Marte e Plutão, cujas cores são o vermelho e o azul-berinjela muito escuro, e ali estão o começo e o fim da jornada da *kundalini*,* que sobe da base da espinha para o alto do crânio e retorna à base completando o circuito. Dá-se-lhe o nome de chacra *muladhara*.

Vêm em seguida os rins e o sistema hormonal, o chacra *svadisthana*, ligado à purificação em todos os níveis e camadas do ser. Também se acha ligado ao chacra básico e é governado por Vênus e Urano, tendo muito a ver com a nossa capacidade de relacionamento.

O terceiro chacra, *manipura*, situa-se acima do umbigo. Ligado aos intestinos, é governado pela Lua, onde o que está abaixo da terra se encontra com o que está acima dela. A partir desse ponto, podemos transformar nossas reações intestinais numa forma mais bem canalizada de fluxo energético.

O quarto chacra é o *anahata*, o centro cardíaco, governado pelo Sol. O coração era considerado pelos antigos gregos como a morada da alma e a fonte de toda inspiração.

---

* Ver página 82

O misticismo cristão vê no coração o local sagrado do ser humano, e Cristo é o mestre que ensina a humanidade nesse nível. O que poderia ser mais próprio ao coração do que o mandamento "Amai-vos uns aos outros"? A energia do coração não é necessariamente emocional. Existe amor com desprendimento assim como existe apego emocional sem amor.

Visuddha, o quinto chacra, só é ativado depois de certo grau de purificação (*visuddha* quer dizer "puro") e é governado por Vênus e Mercúrio. Está relacionado com o bulbo raquidiano e a laringe. Liga-se às faculdades de ouvir e comunicar e, quando em pleno funcionamento, possibilita a formulação concreta da idéia de Mercúrio como mensageiro dos deuses. Sua cor predominante é o azul-claro.

O sexto chacra da escala, *ajna*, é o "terceiro olho", ligado à função superior de Saturno. Quando em funcionamento, revela autodomínio; está relacionado especificamente com a concentração, a meditação, a visão interior, o psiquismo e o controle total da função racional da mente. A cor associada a esse centro, ou vórtice, é o índigo.

O sétimo chacra, *sahasrara*, na realidade não se situa no corpo, mas – e só raramente funciona – alguns centímetros acima da cabeça. Quando em boa ordem, torna-se possível a integração de todas as energias, e a unidade – a universalidade das coisas e dos níveis de percepção – passa a ser uma realidade concreta para a pessoa. Local onde a *kundalini* se une à consciência pura, é ele o lótus invertido da bênção, as asas do caduceu, relacionando-se, na medida em que afeta os seres humanos, com a aliança entre Netuno e Plutão. Suas cores são o violeta e o branco, e, quando funciona ativamente, esse centro torna-se o ponto onde todas as cores se misturam para produzir a pura luz branca. Dota a pessoa assim ativada de uma radiância divina.

Esses vórtices, centros ou chacras operam interativamente, construindo essa completude única que é a pessoa humana. Cada vórtice apresenta uma vibração predominante, uma cor, uma intensidade, um raio. Cada qual tem um reflexo negativo num dos

Sete Pecados Mortais. Agora você sabe *por que* eles são mortais e *o que* eles eliminam em você! Preguiça, avareza, luxúria, gula, orgulho, ódio e malícia são disfunções, no ser humano, dos receptores energéticos cósmicos, os chacras.

"Procurei pintar de vermelho e verde as terríveis paixões humanas", confidenciou Vincent van Gogh.

Em toda pessoa viva, alguma energia é absorvida por cada um dos vórtices. Os mais poderosos, na maioria das pessoas, costumam ser os três primeiros, com uma queda exponencial no número daquelas que atuam conscientemente com as energias acima do plexo solar.

Segue-se, pois, que grande parte dos indivíduos se ocupa, conscientemente, de sexo, cólera, conquistas e sobrevivência, que se baseiam nos três primeiros vórtices. Marte, Vênus, Plutão e a Lua controlam tudo aqui quase que sozinhos.

Poderia parecer que o mais interessante dos três, para a maioria, é o sexo. O sexo, potencial reprodutor, é o impulso mais forte no sistema humano básico. Não quer isso dizer que seja o mais importante ou que estejamos fazendo uma interpretação freudiana do ser humano. Os raios básicos de Marte e Plutão, vermelho e cor-de-berinjela, da função sexual costumam ser freqüentemente mitigados pelo coração... ou seja, pela afeição ou pelo amor em geral, buscados juntamente com a distensão sexual e a regeneração potencial pela cópula.

Quando o sexo é procurado ou praticado sem conexão com os centros de energia situados no alto da espinha dorsal, o sistema inteiro é espoliado e drenado da energia vital da saúde, e os remanescentes aspectos físicos e psicológicos do indivíduo se debilitam, privados da oportunidade de se manifestar adequadamente na ação.

O amor é uma função complexa do ser humano como um todo e pode ser, a qualquer tempo, conectado com uma função subordinada específica qualquer – inclusive, é claro, a sexual. Juntas, elas constroem os mais sólidos laços psicofísicos que os homens podem experimentar. Quando ligados, o centro cardíaco e o chacra básico transcendem virtualmente todos os obstáculos e constituem poderoso magnetismo para a energia positiva e as conexões positivas do mundo em geral.

O sexo físico grosseiro esgota a aura de substanciais quantidades de energia e escurece o vermelho, que são as vibrações de Marte. Ele nega e contamina o verde (raios de Vênus), anulando os efeitos do amarelo em sua vizinhança imediata. Ademais, bloqueará a ação dos azuis na aura da pessoa, bem como a purificação e a ativação do campo áurico restante. Deixa o etérico diminuído e contaminado. Na realidade, ele faz exatamente o contrário do ato amoroso, o qual (embora implique também a cópula) não pode ser confundido com o sexo grosseiro.

A maior parte das relações pessoais, das parcerias e dos casamentos encontra-se entre essas duas possibilidades extremas.

Admitindo-se que o vermelho de Marte e o verde de Vênus se acham ambos envolvidos, consideremos os requisitos para a compatibilidade no relacionamento, a fim de que este se desenvolva positivamente e seja benéfico para os parceiros.

Será quase impossível a existência de um bom relacionamento quando ambas as pessoas apresentarem ou quantidades muito discrepantes de vermelho ou diferentes tipos dessa cor em seus campos áuricos. Igualmente, será uma fonte de grave discórdia a divergência acentuada de tipos e quantidades de verde nas respectivas auras. Quando os vermelhos variam, um dos parceiros se sente constrangido ou insatisfeito e o outro pressionado – o que, inevitavelmente, redunda em irritação e até em violência. Se o verde varia muito, a tendência do ego e a capacidade emocional de cada parceiro criam problemas mútuos. O vermelho e o verde constituem a pós-imagem negativa de um aos olhos do outro, e o equilíbrio dessas duas cores na aura da pessoa é fundamental para suas atividades harmônicas no mundo; mais essencial ainda, numa relação amorosa, é o equilíbrio entre os vermelhos e os verdes das duas pessoas envolvidas. Isso será verdadeiro mesmo não se levando em conta o nível de evolução dos parceiros. Para dizê-lo mais claramente, nenhum relacionamento se desenvolverá normalmente, ou durará, se essas cores não forem reciprocamente compatíveis.

Sem um equilíbrio adequado desses dois raios básicos, os cinco outros níveis do ser poderão tornar-se virtualmente impotentes. Embora não haja um paradigma para o equilíbrio perfeito, cumpre traçá-lo levando em consideração a maciça e enganosa propaganda sobre o sexo que se vem tornando cada vez mais popular nos últimos quinze anos e a insistência com que o tema nos é imposto diariamente através de anúncios de dentifrícios, roupas justas e até excursões aéreas.

Se as energias sexuais forem represadas e o vermelho se desenvolver na aura, as duas conseqüências hão de ser a perversão ou a violência. Existem sólidos indícios disso numa sociedade em que o estímulo sexual vende, mas a cultura estabelecida castra. (Observe-se a tendência dos adolescentes à prática de crimes de vandalismo e à violência sem objetivo.) Tais fatos são subconscientemente compreendidos por todas as culturas da Terra, e a falta de oportunidade para uma expressão sexual sadia encontra-se na raiz de inúmeras punições.

Quando a sexualidade é problemática para uma pessoa, ela invariavelmente distorce o seu campo áurico e se transforma na causa básica mais comum de doença física e psicológica, bem como de disfunção da personalidade. Isso, claro, tem vastas implicações sociais e políticas, e é um fator de monta no relacionamento entre as várias gerações.

Depois que os vórtices de energia estiverem funcionando bem durante um lapso de tempo suficiente para permitir que o sistema principal do indivíduo se torne um fluxo unificado, então – e somente então – o sexo passa a fazer as vezes de servo, e não de tirano da psique. Uma vez alcançada essa condição, o verdadeiro amor começa a expressar-se com igual equilíbrio através de cada um dos sete vórtices. Não haverá, com toda a probabilidade, nenhum vermelho na aura da pessoa que atingiu semelhante grau na escala de sua evolução pessoal. A cor do amor puro é o branco, e, quando existe na aura, ela faculta a transcendência de qualquer outra cor, qualquer outro raio e qualquer outra vibração sem provocar danos no sistema da pessoa como um todo. É arriscado e invariavelmente prejudicial negar a função do vermelho onde ele existe, mas sempre convém canalizá-lo e depurá-lo. O melhor método possível para depurar o impulso sexual e as funções emocionais do ego é o da interação amorosa com outra pessoa compatível. Existindo incompatibilidade entre dois campos áuricos, ocorre uma grave perda de energia vital em qualquer nível onde atuem os raios incompatíveis.

Os sete raios, cores, centros de energia e pontos de vibração planetária só estão separados nominalmente. Na realidade eles são áreas interativas de densidades de energia relativas localizadas no sistema unificado que constitui a pessoa.

Na verdade, o sexo e a emoção não constituem a totalidade da vida de um indivíduo, nem mesmo o pleno potencial de uma determinada relação; uma das coisas que tornam o ser humano único neste planeta é, já se disse, sua capacidade de pensar, analisar e calcular. A despeito do modismo passageiro do intelecto, ele não é, especificamente, uma função elevada do ser humano, mas uma simples ponte entre o nível rasteiro do vermelho e do verde e os aspectos mais apurados do ser. Não obstante, o amarelo constitui uma área extremamente importante em grande parte de nosso dia-a-dia: o pensamento racional e o pensamento quantificativo são as propriedades do amarelo.

Para que um relacionamento seja plenamente compatível em seus contatos com o mundo em geral, é importante que ambos os parceiros se mostrem mais ou menos igualmente capazes de compreender e empregar as táticas e a estratégia necessárias à sobrevivência social e pessoal. O amarelo, cor de um dos níveis de Mercúrio, também está diretamente ligado à comunicação e, de maneira geral, à capacidade racional. Não é difícil imaginar os tipos de problemas que surgiriam de um relacionamento no qual um dos parceiros fosse intelectualmente muito mais ativo e comunicativo que o outro. Tal circunstância afetaria as decisões e os modos de tomá-las com relação a dinheiro, trabalho, local de residência e, para o parceiro menos comunicativo, influiria na estrutura das emoções e do ego (verde) emocionalizando o pensamento e gerando sentimentos de insegurança e dúvida.

Sempre que a área de amarelo da aura de um parceiro exceder em muito a do outro, este se sentirá permanentemente subjugado e inseguro, a despeito de todas as tentativas da parte do indivíduo mais mercuriano para explicar os processos da sua mente. Ao mesmo tempo, a pessoa com uma quantidade maior de amarelo se sentirá perpetuamente frustrada em seu afã de comunicar aquilo que lhe parece evidente por si mesmo. Quando existe uma notória incidência de amarelo na aura, suficiente para dominar o campo áurico, a inspiração e os primeiros rudimentos da sabedoria afloram a partir da absorção do conhecimento. Para pessoas assim, o convívio com as que apresentam pouco amarelo ou com um parceiro cujo amarelo desempenha função limitada bastará para induzir ao esgotamento mental os indivíduos mais sensíveis.

O tipo de amarelo também é muito importante, sendo o amarelo-claro incompatível com os amarelos-dourados mais profundos. O amarelo é uma vibração na qual a densidade e a intensidade se mostram tão importantes quanto a quantidade no campo áurico, e onde as cores adjacentes se revelam mais relevantes, na prática, do que as mesmas cores quando adjacentes ao vermelho ou ao verde. Por isso as cores adjacentes ao amarelo indicam o tipo e o alcance do pensamento e da comunicação na pessoa. Por exemplo, o amarelo adjacente ao violeta ou ao púrpura é virtualmente incompatível com os pensamentos de alguém cujo amarelo se insira entre, digamos, o vermelho e o verde. Nesse último caso, os processos mentais ficarão confinados à realidade mundana, ao passo que, no primeiro, haverá aspiração espiritual consciente, esforço e interação constante entre pensamento e oração. Duas pessoas desse tipo sentirão profunda angústia ao constatar a mútua incompreensão de seus processos mentais, e a infelicidade pesará sobre ambas. O tipo amarelo limitado tende a ser materialista, incapaz de abstrações conceptuais. Já o tipo mais inspirado de amarelo esbarra com freqüência em problemas no campo financeiro e na vida diária. É-se tentado a dizer que são assim porque vêem mais longe.

A outra cor mercuriana é o azul brilhante, embora também se relacione com Urano. Em geral, esse azul brilhante se manifesta como idealismo, um reflexo da mente superior, e é a tonalidade do aspecto inconsciente da mente. Em virtude de sua conexão com a mente inconsciente, ela moldará o intelecto de maneira direta se o amarelo e o azul brilhante estiverem adjacentes um ao outro, fortes o bastante – ou em quantidades suficientemente grandes – para gerar o fluxo.

Uma aura de todo isenta de azul mostrar-se-á às vezes nitidamente incompatível com uma aura onde o azul-claro exista em quantidade substancial. Infelizmente, essas incompatibilidades menores só aparecem com o tempo ou em situações de angústia extrema, minando relacionamentos que se diriam satisfatórios.

É raro encontrar o azul brilhante ou em quantidade significativa ou numa forma específica, de sorte que essa vibração mais sutil não costuma afetar, de modo significativo, as relações pessoais.

No alto do espectro cromático está a gama de violetas. Já explicamos neste capítulo que os vermelhos incompatíveis podem destruir um relacionamento em mais de uma ocasião. Chega a ser quase uma ironia o fato de a incompatibilidade seguinte mais destrutiva ser a ausência da gama de violetas num dos parceiros. A gama de violeta, conforme mencionado no código cromático, prende-se principalmente à oração, à cura e à evolução espiritual. Por conter o vermelho, embora em quantidade elevada, ela se revela um raio altamente polarizador. É improvável (exceto nos jovens) que uma pessoa com violeta na aura sinta atração por alguém que não o tenha – de modo que, nesse caso, felizmente, as coisas quase sempre se resolvem por si. Quando a atração ocorre no relacionamento em que essa cor está fortemente presente num dos parceiros e ausente no outro, as duas conseqüências possíveis são a intervenção divina ou a separação geográfica. Neste ponto você deve estar se perguntando se por acaso existe algum relacionamento que sempre funcione bem. A resposta talvez seja que, neste mundo dos homens, geralmente o semelhante atrai o semelhante e dessa forma se evitam muitos desastres teoricamente possíveis. Não bastasse isso, casos há em que a lei das afinidades se socorre da lei da complementaridade.* Assim, sob certas condições, a força e a fraqueza dos indivíduos podem mesclar-se a fim de engendrar um equilíbrio mais eficaz para cada um e para ambos – e, portanto, também para seu relacionamento com o resto do mundo.

Um mau relacionamento com a comunidade é uma pústula no corpo – embora se deva notar que todos procuramos lancetar as pústulas alheias, mas nunca as próprias.

Torna-se, pois, evidente que o sexo sem o apoio das energias mais elevadas não apenas faz mal às pessoas envolvidas como contamina a comunidade que as cerca através da rede de energia vital, como sucede também com a amargura e a frustração.

Cumpre que os sete níveis do ser estejam em harmonia no indivíduo, pois de outra forma nenhum relacionamento se revelará harmonioso. Claro, esse é o estado ideal do ser, mas não deixa de ser também um ponderável objetivo prático a alcançar. Diziam os antigos que um iluminado pode soerguer o mundo inteiro; e, observando a aura das pessoas, bem como suas interações, isso deixa de ser uma nobre teoria exagerada para se tornar um fato concreto.

É, pois, essencial que a pessoa seja verdadeira para consigo mesma; a hipocrisia trará a doença tão seguramente quanto se se tratasse de um vírus, e assumirá as proporções epidêmicas conhecidas como guerra, em contraposição à peste e à fome.

---

* Segundo a lei da complementaridade, campos de energia aparentemente diferentes e dissonantes podem combinar-se para produzir outro, de energia harmoniosa.

Pelo que se disse até aqui, fica claro que a escolha do parceiro influi de modo crucial na saúde física, mental, emocional, psíquica e espiritual. Essas escolhas, que todos fazemos, determinam até que ponto evoluímos como indivíduos e – o mais importante – em que medida somos membros úteis à comunidade.

Esta não é uma proposição efêmera e filosófica, mas uma afirmação consistente a respeito dos mecanismos energéticos em ação no homem. Reflexos alternativos desses mecanismos podem ser observados nas bases da acupuntura, do *kung-fu*, da ioga e do *T'ai Ch'i*.

O conjunto mais valioso e objetivo de correspondência com os fatos até agora esboçados será encontrado numa boa e exaustiva análise astrológica. Existem correlações diretas entre as cores, os tipos e intensidades dessas cores e as configurações astrológicas determinadas pelos mapas astrais. Pequenos eixos no campo áurico estão diretamente relacionados com os trânsitos planetários e estelares ao longo das posições do mapa astral do nascimento da pessoa. A análise astrológica constitui uma remissão recíproca com a função áurica visível. Isso é especialmente valioso quando a visão áurica é rara; a análise astrológica, no entanto, pode ser ensinada e tem suas bases em dados empíricos, como a posição astronômica dos corpos celestes, e em altos coeficientes de relação com teorias físicas e psicológicas bem conhecidas.

Para os leitores interessados na função da *kundalini* – o espírito da vida manifesta, cujo percurso se estende da base da espinha dorsal até a glândula pineal, no alto da cabeça –, fica aqui esboçada a razão para se levar em conta a boa estrutura da função sexual.

Em primeiro lugar, o centro solar do coração é o núcleo das energias humanas e o ponto de equilíbrio do ser humano. Se a energia do centro básico é drenada pela atividade sexual, sem ligação com o centro do coração, sucede que muito pouca energia vital resta à disposição dos vórtices no coração e acima dele. Isso de fato torna impotentes os centros superiores, esgotando-os, assim como os aspectos do ser a que eles correspondem. Tal é o fundamento do celibato para a auto-evolução nos níveis físico e espiritual, e a verdadeira razão para se evitar a promiscuidade e a intemperança.

Em contrapartida, casos há em que o fluxo positivo entre o centro básico e o coração aumenta grandemente a qualidade e a quantidade de energia na aura, emitindo para os semelhantes uma valiosa radiação.

A Aura no Supermercado

Assim como as relações íntimas e entre membros da família afetam profundamente as energias e, portanto, a aura, existe também um sutil "ruído" de fundo de interação áurica sempre que, e onde quer que estejamos na proximidade de outras pessoas. Locais apinhados, ônibus, trens, supermercados e grupos de excursão têm especial interesse. E esse interesse reside no fato de se observar ampla variação de tipos e idades entre as pessoas que se juntam sem nenhum objetivo comum aparente.

Tais ajuntamentos diferem um tanto das torcidas de futebol, das excursões do *Women's Institute*, dos comícios políticos e de outras reuniões baseadas em pelo menos um interesse comum. Nenhum papel se exige de compradores, pedestres etc., ao passo que há um papel altamente estruturado implícito na participação ativa numa organização ou uma evidente razão comum para o agrupamento.

Na hora do almoço, num supermercado, a dor na coluna de uma dona-de-casa de meia-idade, ou sua ansiedade, pode inconscientemente refletir-se na aura de um jovem bancário que passa com a mente fixa numa promoção – o qual, por seu turno, talvez transmita sua preocupação e os efeitos dela à garota que está atrás do balcão de queijos, imaginando se o namorado gostará ou não de seu novo vestido ou penteado.

Nenhum dos três acusará conscientemente essas interações, mas cada qual levará na sua aura um pouco dos outros dois, até que esse efeito seja suplantado por outro posterior ou mais duradouro. O ritmo e a intensidade da vida urbana têm o efeito de uma bomba sobre a aura das pessoas por eles arrastadas, de modo que a individuação se torna cada vez mais difícil de sustentar e a expressão individual se transforma em crescente auto-ilusão. Como se o desatino diário não bastasse, o processo de erosão raramente é compensado pela atividade criadora do indivíduo nas restantes horas de vigília: ao contrário, ele é facilitado ainda mais pelo exercício da consciência vicária em passatempos como televisão, rádio, cinema, teatro, revistas, música comercial etc. O mesmo processo é ainda mais sutilmente reforçado por grande parte daquilo que insistimos em chamar de vida social, cuja exigência fundamental é a conformidade e a concordância com os paradigmas estúpidos e efêmeros da massa amorfa que entronizamos com o nome de sociedade.

Existem, claro, sutilezas de linguagem que tentam separar uma parte dessa massa amorfa de outra – essas, nós as privilegiamos com termos altamente técnicos, mas destituídos de sentido. É irônico que, quanto menos individuada se mostra a psique, menos ativa será a aura e, portanto, pouco útil a qualquer grupo, uma vez que quase nada tem a oferecer. A conclusão lógica disso há de ser uma multidão cinzenta composta por pessoas cinzentas, onde ninguém estará realmente apto a afetar alguém, resultando daí uma total estagnação de consciência.

Esse fato pode decorrer de uma vasta burocracia, seja ela nominalmente autoritária ou socialista em seus objetivos. Aqui, a lei das afinidades seria solapada e a lei da complementaridade liquidada.

Numa época de tecnologia avançada, as pessoas tendem a venerar a eficiência mecânica e a estandardização, punindo ou condenando ao ostracismo aqueles indivíduos ou fenômenos que se desviam do caminho normal. Há grande perigo para a saúde mental, emocional e física nesse processo de nivelamento, do qual um dos sintomas mais graves é a depressão aparentemente sem causa e a ansiedade que atinge grande parte da população. A inveja, a depressão e a ansiedade são tão infecciosas como a varíola, tão venenosas como a cicuta e mais letais que o câncer. É de vital importância assegurar que o nosso ser – incluindo a nossa aura – seja positivamente polarizado e se mostre virtualmente capaz de emitir vibrações positivas o tempo todo. Naturalmente, isso implica a receptividade.

"Racionalizar" de nada valerá, antes prejudicará o eu e todas as pessoas com as quais se está em contato. O "valor nominal" é a pior forma de hipocrisia e bloqueia o fluxo das empatias de que, virtualmente, todos os seres humanos são capazes. A hipocrisia é um ato de hostilidade e quase nunca se justifica. Como já dissemos, a aura é, em última análise, a emanação da psique; se essa psique estiver desgastada, reprimida ou sujeita a atos de violência da parte da vontade ou da mente racional, não é de estranhar que a aura reflita semelhante condição e, em conseqüência, afete os demais.

Não há como evitar o fato de ser necessária uma profunda e genuína mudança para melhor em todas as pessoas. Sem ela, nada pode evoluir, e as coisas continuarão a se deteriorar. Sejamos francos a respeito disso, pois não estamos partindo de uma posição de neutralidade: a deterioração está em pleno curso, e muito esforço tem de ser feito para alterá-lo.

Competição, inveja, hostilidade, intolerância e insensibilidade passaram a ser consideradas atitudes aceitáveis, e até os nossos divertimentos se tornaram uma vil caricatura de mentes doentias. A ponderação é considerada fraqueza, excentricidade ou técnica de vendas; o amor é visto como um problema de basbaques, e assim por diante. Esses comentários foram colhidos de observações clínicas ao longo de anos.

Existem situações inequivocamente destrutivas e prejudiciais ao corpo, à mente, ao coração e à psique do ser humano. A prevalência de tais situações é que criou o modo de vida hoje dominante. Desconhecer esse fato pode ser tão perigoso como ficar exposto à radiação pós-nuclear. Não há uma raiz única para as enfermidades humanas – tudo não passa de uma complexa trama sustentada pelo medo, pela ignorância, pela repressão, pela mentira, pela indolência e pela covardia. A equação humana não é linear, e sua solução só pode ser encontrada mediante um cálculo moral feito a partir do verdadeiro eu – que corre o risco de ser completamente sufocado e obliterado. Essa trama não é produto da consciência, mas da ignorância e do desconhecimento culpável. "A massa da humanidade brande a clava da ignorância contra os poucos que aspiram a ser verdadeiramente livres."

O termo "diferente" é quase sempre usado pejorativamente com referência aos nossos semelhantes; no entanto, as variações são as legítimas sementes da vida, desde a vida física até a cósmica. Os efeitos sufocantes da estandardização estão em toda a parte – nada nem ninguém lhes escapa.

A crassa superficialidade da auto-imagem de muitas pessoas constitui um reflexo trágico do modo com que olham para si mesmas através de um conjunto artificial de construções intelectuais; e é imensamente triste ver indivíduos adentrando o matadouro psíquico da convencionalidade sem um murmúrio de protesto, alguns até se empurrando em busca da castração cósmica.

O código cromático revela com muita clareza as cores predominantes na aura de pessoas desse tipo. As coisas chegaram a tal ponto que, enquanto o homem do século XVII considerava seus haveres *et al.* como reflexo de si mesmo, o homem de hoje vê a si próprio como reflexo de seus haveres, incluindo o *status* social. Prostração, suicídio e lesões corporais são os resultados nada infreqüentes da perda do poder econômico ou da riqueza material. É como se o nosso valor fosse diretamente proporcional ao nosso saldo bancário – entendendo-se aqui o valor pessoal, não o social, que de resto não passa de uma construção artificial.

Tão perigoso estado de coisas não pode passar despercebido. A aspiração ao autoconhecimento e a um campo energético positivo, ou seja, à verdadeira vida, não exclui o que é natural e sociável para com outras pessoas. É importante, aqui, enfatizar que este livro não é a apologia do cilício, da pobreza, da filiação insensata a códigos bizarros ou da negação do eu em todos os níveis, mas um chamado para você despertar e tomar consciência das coisas que estão rapidamente acontecendo, por omissão, a *você*.

Infelizmente, este capítulo provavelmente falará apenas aos convertidos. Um dos grandes problemas da atual tendência a uma uniformidade paralisante é a sensação de desamparo perante a "tirania da maioria". É preciso atirar abertamente a luva em desafio a isso. Felizmente, é no eu interior que o trabalho deve e pode ser feito, e é dali que brota a autoproteção capaz de assegurar o crescimento. Breves períodos de solidão, silêncio, inatividade, oração e projeção positiva de pensamentos piedosos funcionam como auxiliares eficazes da regeneração do eu verdadeiro e do Formulador Interno. Importa contemplar, conscientemente, a conexão entre você e o planeta Terra, de modo que a sua aura saudável – o etérico – apresente melhor conexão com a fonte da sua vitalidade.

Paradoxalmente, nesse caso, a introversão ou a auto-análise realizada pelo intelecto é contraproducente. Seus limitados benefícios só se manifestam em outros campos.

Muitos dos sentimentos ou intuições precários e inexplicáveis que temos a respeito de lugares e pessoas são o resultado manifesto das tentativas da psique para informar nossa mente pensante de certos fatos referentes à verdadeira relação que com eles mantemos. Desde a época de Descartes tornou-se inviável sustentar um ponto de vista não-mecânico das inter-relações. A isso se seguiu a *reductio ad absurdum*, no século XIX, de diversas formas de lógica, problemas cujas conseqüências ainda sofremos do mesmo modo que a política irlandesa ainda sofre as conseqüências da crise da batata de 1846 ou à maneira de um holandês sem mapa que, na década de 1690, não falasse inglês.

Essa versão vitoriana de tabuleiros mentais barrocos vem enganando os não-iniciados há duas gerações e ainda hoje prejudica os programadores de computadores. Isso, por si só, não importa muito, uma vez que, ao longo da história, inúmeras concepções errôneas acabaram prevalecendo. O problema surge quando as instituições que a sustentam bloqueiam potencialmente, por considerá-la ameaçadora, qualquer discussão de uma alternativa. É interessante que o melhor aliado para esses estudos seja a física, a irmã gêmea original da metafísica, embora não se saiba ao certo quem é mais Castor e quem é mais Pólux: é a interação entre o mortal e o imortal no homem, entre o corpo e o Formulador Interno, que produz o campo áurico vivo que devemos levar em consideração ou ignorar por nossa conta e risco.

São os fragmentos de nós mesmos impregnados nos objetos pessoais que permitem que o campo áurico de um psicômetra tome um objeto e, por meio da consciência que tem dele, conte a história desse mesmo objeto e do seu dono ou donos. A impressão energética deixada pelo seu campo áurico em seus haveres pessoais é tão real, única e legível como suas impressões digitais. Se você cobiçar algo que pertence a outrem, ao tocar esse objeto você o contaminará com a sua cobiça, ao passo que suas melhores qualidades não conseguirão imprimir coisa alguma nele. Você mesmo poderá imaginar muitos exemplos semelhantes e considerar seus efeitos.

O F.I., utilizando a mente, consegue projetar mais vigorosamente, o mesmo sucedendo com o eu inferior. Assim, seus pensamentos podem, em determinadas circunstâncias, apresentar um efeito de contaminação. É o reverso da medalha da cura a distância. Tais efeitos sempre cobram um elevado preço cármico.

Obviamente, nossas posses suportam a carga mais pesada para o eu, razão pela qual o lar, embora idiossincrásico, pode reviver ou reforçar intensamente a nossa *Weltanschauung* [visão de mundo]. Isso se reflete nos nossos esquemas cromáticos e na escolha de *objetos*. É comum as pessoas reforçarem seus traços negativos.

Vários estudos mostraram espantosas similaridades nas casas de grupos estreitamente unidos, e essa identificação intencional vai muito além da "pessoa que faz o café". Devido a essa identificação, torna-se muito mais difícil para um recém-chegado afetar um denominador comum reforçado do que afetar outro.

Parece haver uma tendência inerente à passividade, e esses grupos que se admiram mutuamente conspiram para facilitar isso. Qualquer naturalista pode dizer-lhe o que acontece com um corvo albino.

Pensamentos, atitudes, sonhos e desejos constituem parte inextricável da aura e, intencionalmente ou não, nós os impomos a tudo e a todos em nossas imediações. O campo áurico pode atuar tanto como uma grade de interferência quanto como um sistema de antenas. Assim, há indivíduos que são boas notícias para o resto do mundo e outros que são, nitidamente, más notícias – ao passo que muitos de nós somos notícias velhas.

Com raríssimas exceções você poderá decidir que tipo de notícias será, mas não estamos insinuando que isso seja necessariamente fácil. Trata-se, em parte, de um processo educativo; quanto mais depressa uma coisa é aprendida, tanto mais se aprofunda, e quanto mais é repetida, mais difícil se torna erradicá-la. Isso é verdadeiro não apenas para o intelecto, mas também para todos os níveis de consciência.

Educação evoca crianças – sua educação informal, durante mais ou menos os primeiros cinco anos, e, em seguida, seu condicionamento mais estruturado. Pode-se reconhecer que um intelecto não-treinado ou uma mente racional não-adestrada constituem um refletor muito pobre para os outros níveis de consciência. É esse o fato que tem inspirado os grandes pensadores a ensinar e que explica a ênfase colocada no discurso por todas as grandes religiões e tradições com relação aos seus acólitos.

Se alguém vê a mente intelectual como um cavalo alado e calcula o potencial destrutivo desse animal quando não-adestrado, pode descobrir o poder mortal daquilo que, uma vez plenamente disciplinado, despachará você para a jornada eterna.

Na aura, a condição do cavalo alado reflete-se diretamente no amarelo. O ginete do cavalo alado é o F.I., que *deve* mantê-lo sob controle. Uma psique abatida e fraca, montada num cavalo fogoso, é um desastre (literalmente: mau astro).

Uma parceria equilibrada entre ambos resultará, em última análise, numa aura equilibrada e produtiva.

A tendência da mãe e a sua aura representarão a primeira influência coercitiva sobre a criança nos primeiros estágios de vida, e isso será reforçado (como o concreto) por suas várias escolhas externas de companhia etc. É difícil encontrar pais ou crianças que expressam ou permitem um relacionamento adequado entre o F.I. e o intelecto. No âmbito da educação, existe ainda uma outra tendência no Ocidente quanto ao que deva ser uma educação correta para as crianças: uma infrangível e cada vez mais constritiva estrutura de condicionamento e fornecimento de informações (estandardização de novo), que não se pode separar de outras urdiduras consensuais. Quer esteja na trama, quer na urdidura, o padrão único da criança é rapidamente colorido e estampado, de modo que na idade adulta se observam inúmeros danos infligidos aos mecanismos internos do homem saudável.

Não estamos de modo algum sugerindo que as crianças devam ser encorajadas a tratar de fenômenos psíquicos, mas apenas que seus sentimentos e intuições possam ver a luz do dia sem ser rejeitados ou classificados de insuficientes. Muitas das dificuldades emocionais da adolescência provêm da confusão causada pela repressão exterior desses pensamentos e sentimentos, bem como da impossibilidade, para a criança, de avaliá-los seja como for nesses anos tenros. Os poderosos efeitos do grupo uniforme constituem um efeito colateral claríssimo do consenso adulto tirânico, associado à insegurança e à confusão.

O aumento do alcance áurico é quase invariavelmente sustado e, se o F.I., as atitudes e o campo áurico da pessoa não se conformam quando ela atinge determinada idade, a punição tem início e vai aumentando, em alcance e intensidade, com o passar dos anos. Só uma alma rara conseguirá sustentar esse posto de combate indefinidamente, e, quando a psique rejeita as pressões, surge um conflito interno com o corpo ou com a mente racional que provoca angústia ou doença física ou mental.

Animosidade pessoal entre crianças ou entre a criança e o professor é um sinal de perigo; significa incompatibilidade áurica, o que, em nosso sistema educacional, não depende de escolha e não pode ser evitado. Não estando em ação nem a afinidade nem a complementaridade, o que pode resultar de uma interação consistente é apenas o dano. As conseqüências são *assustadoramente* comuns, apresentando diversas e complexas ramificações no mundo fora da escola. Esses lamentáveis impasses podem tornar-se um vórtice gerador de energia negativa entre alunos ou professores, dilacerando a aura da pessoa.

A aura geral de uma escola, sem exceção em nossa experiência, é dominada não pelo amarelo do verdadeiro intelecto, pelo azul do idealismo ou pelo verde-claro do crescimento, mas pelo laranja ou castanho-amarelado da competição e da avareza, bem como pelo verde lodoso da insegurança e do medo. Não surpreende que tantas pessoas tragam tudo isso para a sua vida adulta.

A criança muito nova é altamente permeável, ao passo que o ambiente de uma instituição costuma ser rude e insensível. Muitos professores se sentem esgotados demais para responder plenamente às necessidades de uma psique em desenvolvimento. Os próprios professores não são imunes a semelhantes vibrações, freqüências e seus efeitos práticos. Cumpre notar ainda que não poucas crianças já se acham quase que totalmente destruídas antes mesmo de entrar na escola. Seria fantasioso e utópico imaginar que um sistema *qualquer* melhoraria, automaticamente, essa situação reprovável. Os sistemas não dispõem de aura; os seres humanos, sim. Uma melhoria real só sobreviria se uma alta porcentagem de pessoas trabalhasse a si mesma antes de trabalhar os semelhantes.

A aura cresce, desenvolve-se e amadurece, sendo afetada pelo ambiente, pelas pessoas, coisas, idéias etc. Reagir contra multidões ou violências, grosserias, agressões ou guerras não é uma atitude neurótica: é a reação do F.I. à informação recebida da vizinhança ou de fora da pessoa, e o reconhecimento, pelo mesmo F.I., dos danos ou ameaças inerentes ao que ele percebe.

Astrologia e Aura

À primeira vista, a relação entre astrologia e aura pode parecer muito tênue. Isso acontece porque nenhuma das duas é ainda completamente reconhecida como um sistema energético que interage com a outra. Os corpos energéticos do ser humano, descritos como a aura, estão constantemente interagindo com as energias solar, lunar e planetária, como também com a energia proveniente das estrelas. O simbolismo da astrologia corresponde às imagens chácricas do homem universal integrado. Em contrapartida, os chacras nutrem nossas auras de acordo com um equilíbrio único determinado pelo F.I. Segue-se que o propósito da astrologia é reunir-nos com o nosso eu cósmico, com o nosso lugar próprio no universo, indicando como e por que o nosso equilíbrio de energias poderá ser afetado por nossas interações com o mundo.

O Sol não passa de uma estrela. Um dos termos aplicados ao corpo áurico e às energias das quais ele faz parte é "astral"; ora, a palavra "astro" significa "estrela", assim como "planeta" significa "errante". Existe, do ponto de vista humano, notável diferença entre os efeitos tangíveis sentidos e percebidos de nosso próprio sistema solar e aqueles que provêm de estrelas, constelações e galáxias mais distantes. Virtualmente, todas as pessoas se dão conta dos efeitos do Sol, da Lua, das estações e do clima sobre a mente, sobre o corpo, sobre as emoções etc. Sabe-se já que alguns planetas, incluindo a Terra, afetam as marés na superfície do Sol. Todos esses planetas estão mais perto de nós do que do Sol, de sorte que é razoável concluir que também eles afetam a Terra, a qual, por sua vez, igualmente os afeta.

Os seres humanos encarnados são feitos absolutamente do mesmo material que os planetas, podendo-se então admitir que somos também afetados diretamente ao menos pelos outros corpos do sistema solar. Ademais, é evidente que o efeito mais poderoso provém do Sol, sem o qual nossa forma específica de vida não surgiria no planeta. Contrariamente às teorias do século XIX, está hoje demonstrado que grande parte da energia vital oriunda de nossa pequena estrela é bem mais sutil e complexa do que o simples calor e a luz visível. Alguns desses materiais mais complexos existem em virtude de o Sol ser uma estrela, de modo que temos aí um exemplo muito familiar da potência da energia estelar ou astral. A astrologia já foi (e pode voltar a sê-lo) uma tentativa para compreender a interação do homem, não apenas com o planeta Terra, mas com o contexto maior do universo que o cerca. Os efeitos dessas energias apresentam, é claro, alguns elementos mecânicos, mas o astrólogo deve preocupar-se com os mais sutis.

O campo áurico, como discutimos mais atrás, é um campo vivo de energias altamente sensível. O campo equivalente ao Sol estende-se, certamente, para além de Plutão e, no plano do sistema solar, até a faixa de estrelas a que chamamos zodíaco. Somos, enquanto seres humanos, padrões ativos de energia altamente permeáveis, vivendo no interior de outros padrões mais amplos. Não é difícil demonstrar isso. A tarefa da astrologia consiste em tentar tornar essa verdade geral utilizável na prática como ajuda para uma vida melhor. Há material abundante sobre astrologia, recolhido aos poucos ao longo de oito a dez mil anos. Os magos não estavam interessados em observar os movimentos mecânicos dos céus à guisa de passatempo: queriam, isso sim, descobrir a conexão entre esses movimentos e as coisas do dia-a-dia. Talvez se tenha notado, em primeiro lugar, que as estações eram regulares e que a Lua e as marés eram interdependentes. Notou-se, por certo, que a psicologia das mulheres era profundamente afetada pela Lua e que o Sol influía sobre os ciclos de fertilidade no mundo. As origens da astrologia remontam ao tempo em que Deus era adorado como a grande Mãe – e em que uma visão meramente racionalista e mecânica daquilo que nos cerca seria considerada não apenas ridícula mas sacrílega. A astrologia é, ao mesmo tempo, antropocêntrica e geocêntrica. Funciona como uma ferramenta feita para melhorar a vida (originalmente, para assegurar a sobrevivência).

O estilo de vida vigente no tempo que assistiu ao nascimento da astrologia era tal que o prévio conhecimento das mudanças de estação, do clima, das marés, dos equinócios e solstícios e da cheia anual dos grandes rios significava a vida ou a morte para as populações e seus suprimentos. Fazia-se, pois, extremamente necessário que os padrões lidos no céu se adequassem aos objetivos práticos, havendo registros de execuções de astrólogos que erraram em seus prognósticos, deixando talvez de ver uma fome ou inundação iminente. A prática atual da astrologia, no mundo ocidental, pelo fato de se ocupar da humanidade em si, esqueceu suas origens, objetivos e ética, de sorte que já não tem o poder de elevar o denominador comum de consciência.

Os autores tentaram, por muitos anos, considerar as conexões básicas e pragmáticas entre o nosso sistema galáctico e as encarnações individuais, bem como os efeitos galácticos sobre os ciclos maiores da evolução humana e sobre as energias terrestres. No presente livro, limitar-nos-emos à discussão da astrologia individual, ficando porém esclarecido que os outros campos são igualmente válidos e úteis.

O que desejamos sublinhar, em primeiro lugar, é o fato de essa sabedoria ter chegado até nós a despeito das repressões, perseguições, incompreensões e, por vezes, das rematadas tolices por que a astrologia teve de passar.

Há fatos fundamentais sobre as influências estelares que foram detectados ao longo de milênios, e é sobre esse esquema básico que devemos empreender uma análise mais sutil e acurada. Parte do processo da análise tanto da astrologia quanto da aura consiste em recolher e cotejar informações; a outra parte requer do analista uma sintonia suficiente com as energias sob observação. Ele tem de detectar a essência sutil do homem com a mesma habilidade com que um fazendeiro detecta sutis mudanças de tempo. Também isso é filtrado pelo intelecto, embora as conclusões possam ser tiradas da evidência – que, para a maioria das pessoas, é subliminar ou totalmente imperceptível, razão pela qual os métodos precisos utilizados nem sempre são demonstráveis em larga escala. Mas isso pouco importa, pois o que conta são os resultados: e esses podem significar sobrevivência ou malogro.

Em nossos dias, a sobrevivência é um problema bem mais complexo do que em qualquer outra época de que temos conhecimento histórico. Assim, o astrólogo deve responder à altura ao desafio.

Engano bastante difundido é o de que a astrologia consiste quase inteiramente na predição de eventos da vida da pessoa, como se o ser humano fosse um objeto passivo num universo potencialmente malévolo, sujeito à vontade e aos caprichos de um deus faccioso que reina sobre uma espécie de caos e que pode ser cooptado ou ludibriado, bastando que se passe à sua frente. A implicação disso é, pelo menos, que o homem está obrigado a viver num universo ao qual é estranho. Esperamos que o restante do capítulo possa desmistificar essa noção.

Não há dúvida de que tendências especiais relacionadas com determinadas esferas de vida e atividade podem ser apontadas antes de ocorrerem; mas os acontecimentos que se materializam a partir dessas tendências são, em última análise, uma mistura da energia e da vontade do indivíduo com o padrão maior que cria o "clima cósmico".

Todo planeta do sistema solar tende a atuar, do ponto de vista humano, basicamente em uma vibração cromática. O sistema solar, como o humano, constitui uma unidade dentro da qual ocorrem interfluxos e interações complexas; e cada um dos centros de energia humanos – chacras – é ativado por todos os corpos sistêmicos, entre os quais a Lua. Cada planeta flutua num grau em que sua energia predomina, num período de tempo determinado, na vida das coisas e das pessoas. Isso se revela nos tipos de eventos, tanto internos quanto externos, presentes no padrão de vida do indivíduo e é observado, clara e distintamente, no campo áurico da pessoa.

As cores projetadas e as formas existentes no interior da aura manifestam-se como resultado da síntese dessas energias universais, o corpo da pessoa, a ação da vontade e o F.I.

Configurações estelares e planetárias específicas do mapa do nascimento e dos trânsitos produzem cores específicas, combinações cromáticas, intensidades e formas, de modo que, com a prática, torna-se possível, não só ler as predominâncias de energia astrológica natal num diagrama áurico, mas também predizer com êxito as cores áuricas específicas etc. num mapa astrológico.

Os autores, durante muitos anos, reuniram e confrontaram mapas astrológicos e diagramas áuricos de inúmeras pessoas, descobrindo um acentuado coeficiente de correlação no tocante à existência de cores e sombras específicas com configurações e interaspectos solares, lunares ou planetários igualmente específicos. Os resultados da pesquisa são por demais abundantes e complexos para integrarem este livro, mas constituirão a base para uma investigação e desdobramento ainda mais rigorosos, a serem publicados mais tarde.

O reconhecimento dessa harmonia entre configurações astrológicas e energias corpóreas é também a base de diversos tipos de medicina e terapia.

No caso de distúrbios físicos e fisiológicos, a Lua é essencial para a análise e para o diagnóstico. O Sol parece estar ligado a ciclos mais amplos, incluindo as oscilações econômicas e os acontecimentos exteriores que, de modo tangencial, afetam a vida. Uma boa conexão entre o Sol e a Lua, no mapa do nascimento, é proveitosa e aparecerá no campo áurico, no diagrama áurico e, claro, no teor geral da personalidade. Quanto menos inibido for o fluxo entre esses corpos, melhor será o equilíbrio interno da pessoa e o equilíbrio entre ela e o mundo que a cerca.

Uma astroanálise bem-feita constitui excelente ajuda para o diagnóstico das energias do indivíduo, visto que concorre com o apuro da quantificação e da sincronização, podendo auxiliar na tomada de decisões quanto a atividades, remédios, tempo de recuperação ou avanço no autodesenvolvimento.

Aura e Saúde

Primeiro que tudo, a definição prática de saúde aqui adotada é a ausência de doença mais um excedente, pequeno que seja, de energia positiva. Para a saúde plena, essa condição positiva precisa ser eficaz em todos os níveis da pessoa, uma vez que a saúde parcial será efêmera e constantemente vulnerável a influências negativas oriundas de qualquer nível bloqueado ou doente. A boa forma física não constitui um paradigma suficiente de saúde, nem a mentalidade meramente racional. Ambas são, é claro, extraordinariamente importantes, todavia dependem dos níveis psíquico e espiritual para a sua manutenção.

Inversamente, a causa da doença física nem sempre se localiza na psique, de modo que não cobrirá toda a gama de males psíquicos ou espirituais que nos afetam até o último nível. Excetuados os iogues em estágio final, os homens são sujeitos a venenos, danos físicos, poluição e privação.

O fato de a doença provir de causas tanto externas quanto internas é que alimenta a controvérsia sobre tratamentos e modos de diagnose.

A diagnose é, na verdade, o resultado da capacidade perceptiva e da sagacidade racional do especialista consultado. Fica claro que o especialista cuja percepção e análise brotam de sua crença numa causa última não-material ou apenas nos efeitos mecânicos correrá o risco de fazer um diagnóstico errado. De fato, muitos dos êxitos parciais e alguns dos hediondos erros médicos são fruto das tendências perceptivas dos profissionais, que os impedem de observar com clareza o paciente.

Para a manutenção da saúde, uma boa condição psicológica é imprescindível. Atitudes autenticamente positivas são de suma importância para a superação dos problemas físicos e também para manter os circuitos de energia do corpo abertos aos fluxos de energia, prana, cura e outros que absorvemos constantemente, embora sem nos darmos conta disso, do universo circunjacente.

Para manter essa estrutura mental saudável, a melhor ajuda é fazer jorrar energia de nosso coração sobre os semelhantes e o mundo que conhecemos.

Será sempre benéfico fortalecer os nossos laços com a Terra e com a alma, o ar fresco, os ambientes naturais, a paz e a quietude da solidão funcionam, reconhecidamente, como poderosos agentes de cura. A companhia de amigos queridos e otimistas é igualmente positiva.

Conforme salientou o doutor Martin Israel em seu livro *The Pain That Heals* [A Dor que Cura], o sofrimento pode ser um estímulo positivo para a evolução pessoal e abrir canais de oração antes obliterados graças aos quais o sofredor poderá, sob certas circunstâncias, tornar-se uma fonte eficaz e benéfica de altas vibrações para o mundo, um manancial de inspiração, esperança e cura. Seguramente já deparamos com pessoas que, a despeito de sua fragilidade e condição enfermiça, eram modelos de inspiração e coragem, lembrando-nos nossas limitadas perspectivas e efêmeros problemas.

Há, para o materialista, muitas ironias e paradoxos na vida, e isso sucede porque o modelo de homem que ele constrói com suas idéias, atitudes e, fundamentalmente, com suas condições de ser e agir é unidimensional.

Neste ponto devemos considerar certos fenômenos, qual o culto da boa forma física e o conceito de quimioterapia, como resposta aos males do paciente. A mania de aptidão física realmente bloqueia parte do sistema de fluxo do campo energético e pode tornar-se contraproducente por reduzir os fluxos interativos e concentrar-se no alívio da ansiedade; na verdade, isso estimula a ansiedade, que, por sua vez, ativa os níveis de toxicidade do sistema e induz a moléstia.

Não se nega que alguns produtos químicos tenham efeitos benéficos limitados sobre a psicologia, ajustando a química do corpo e, portanto, os aspectos psicofisiológicos da pessoa. No entanto, as mudanças induzidas geralmente só acontecem enquanto persiste o tratamento, e este quase sempre acaba falhando na tentativa de instaurar uma melhora duradoura ou genuína no estado da pessoa.

Há ocasiões em que a situação ou o estado da pessoa é tão calamitoso que um tratamento drástico e imediato se impõe, devendo o médico utilizar o que estiver à sua disposição para aliviar o sofrimento. Não se quer com isso convencer alguém a partir ovos com um martelo nem abalar o sistema da pessoa com um bombardeio geral de todos os sintomas apenas para economizar tempo ou criar uma impressão passageira de cura. Tratamentos de ocasião podem muitas vezes ser piores do que tratamento nenhum, provocando efeitos colaterais e danos a longo prazo como a discinesia tardia ou o colapso renal.

Muitos dos modelos de homem, dos quais emergem os paradigmas de tratamento, fornecem uma imagem como que em papelão recortado, ou a do homem de ação. Isso, em muitos casos, se aplica às terapias alopáticas. O atual ressurgimento da medicina e de outras práticas holísticas deve-se ao fato de, após trezentos anos de grosseiros erros de percepção, o homem se ter reintegrado no *status* de algo mais que uma máquina complicada, submissa às leis de Newton. É também um artifício para salvar as aparências daquelas instituições cuja intolerância e poder acarretaram a pobreza de sua abordagem e eficiência.

Campos de pesquisas bem-sucedidas, agora examinados à luz da noção holística, eram banidos, ridicularizados e punidos por essas mesmas instituições há apenas uma década.

Eis algumas perguntas freqüentemente feitas sobre a manutenção da saúde:

(a) Que dizer das imposições sobre as quais parecemos não exercer nenhum controle, como a poluição química e radiológica, o barulho e a tensão provocada pela poluição, bem como a profunda contaminação moral decorrente das estruturas de poder externo?

(b) Como lidar com as mudanças que acontecem em nossa percepção em resultado da ativação de nossas energias e chacras, e que dizer do impacto, sobre a saúde, dos habituais bloqueios em nosso fluxo?

(c) Fazem os médicos algum bem, ainda que parcial?

Embora muitos volumes fossem necessários para responder satisfatoriamente a essas perguntas, aí vão algumas observações dignas de menção. Em primeiro lugar, o conceito de contaminação: é fato comprovado que o medo dos efeitos de uma substância, de uma situação ou de uma experiência prejudica o homem sem que ele tenha contato com tais fenômenos. Por isso uma postura mental saudável, que reconheça ao corpo o poder de atravessar montes de lixo sem sofrer dano, é requisito básico para minimizar os efeitos reais. Tamanha é a neurose paranóica a respeito disso que ela pode vir a ser, pelo menos, tão prejudicial quanto os acontecimentos e substâncias temidos. Ademais, um pouco menos de polidez vitoriana e de genuflexão diante da burocracia tacanha e sem importância serão, sem dúvida, mutuamente benéficos a longo prazo. Assuma a responsabilidade por seus pensamentos, ações e inação, e comporte-se de conformidade com eles. Isso constitui, por si só, uma maneira de manter a circulação dos fluxos.

A *hatha yoga* libera tensões físicas e fisiológicas, reduzindo a toxicidade; isso afeta a camada psíquica e é psicologicamente profilático, ou seja, bom para a saúde. A aura sente-se livre, limpa e estável ao final de uma sessão completa que inclua o *nidra*, e isso é uma preparação perfeita para a meditação e a prece, desde que você esteja sozinho. Seria desagradável e debilitante fazer isso em grupo, devido à mistura de vibrações e ao denominador comum das taxas vibratórias das pessoas.

O *pranayama*, corretamente praticado, energiza o etérico e limpa os canais-*chi* (*nadis*), ou seja, o sistema de fluxo energético ativado, por exemplo, pela acupuntura. Ele concentra o sistema energético da pessoa, fazendo outro tanto com as várias camadas disponíveis para o trabalho interior. Facilita a concentração e ajuda a vencer as camadas inferiores de entulho psíquico e astral. A ioga relaxa e energiza a aura, facultando a ativação espontânea dos chacras.

A *raja yoga* trabalha mais diretamente com o F.I., através do qual a *kundalini* encontra com segurança o seu caminho do *muladhara* ao *sahasrara*, o lótus de mil pétalas. A *kundalini* é a manifestação básica da força vital pura, que deve ser direcionada positivamente e com segurança. A direção é determinada tanto pelo F.I. quanto pela vontade da pessoa que trabalha em uníssono para efetivar o potencial de fluxo.

O objetivo da ioga é ligar todos os níveis da encarnação ao F.I. e manifestar no mundo os múltiplos frutos desse esforço.

En route para o equilíbrio final entre o corpo e o F.I., encontramos fases de desenvolvimento em que poderes semimágicos aparecem na pessoa. O termo sânscrito para designar esses poderes é *siddhis*. Eles são potencialmente perigosos e podem provocar desvios do verdadeiro objetivo da evolução – objetivo que, em última análise, é a unidade de todas as coisas, incluindo a humanidade. A magia, por ser manipuladora dos semelhantes, é potencialmente alienante e destrutiva, mas sempre arriscada, devido à nossa ignorância cósmica (*avidya*).

Tente superar a síndrome do "nós e eles" e adote o princípio de que todos os homens são, na verdade, uma só coisa, quer saibam disso ou não. E ore.

Grassa uma espécie de epidemia de profundo mal-estar moral no mundo de hoje, e são sintomáticos dela os líderes e as manchetes de jornais em praticamente todos os países. O consenso não é garantia de certeza, e o costume constitui base insuficiente para a ação moral. Seja menos autocentrado; pense e aja em prol da humanidade, começando por sua própria vida e relações e apelando para a contemplação, para o senso humanitário e para a prece, como suas pedras angulares, e para o amor, como seu alicerce.

Mudanças na percepção vão ocorrendo à medida que concretizamos e compreendemos a nossa verdadeira natureza. Isso, vez por outra, faz com que o *status quo* de seu próprio esquema de vida, o comportamento, as relações e as ligações com o ambiente e a comunidade pareçam incômodos. Aqui você pode encontrar o caminho para enfrentar esses desconfortos, sem no entanto suprimi-los. Você se sentirá levado a reexaminar muitos de seus preconceitos e crenças, e quanto maior for o número dos que puser fora, melhor. Seria danoso e inútil projetar o desconforto para fora, na direção de focos de desavença, e aliviá-lo provocando-o nos outros. Procure uma pessoa equilibrada e estável, a quem você respeita, e, juntamente com ela, elimine tantos pensamentos quantos puder. Antes de dormir, peça ao seu eu superior para aclarar o problema e ore solicitando orientação. Isso libera certos vínculos e fluxos, constituindo a palavra final em matéria de incentivo à ação correta.

Quando se tiverem registrado bloqueios freqüentes em seu circuito energético, você perceberá certa reação, provavelmente desconfortável e quase sempre emocional, ao serem eles abertos. Trata-se, afinal de contas, de uma espécie de constipação, de sorte que o sistema como um todo precisará de tempo para ajustar-se; você não deve recorrer àquilo que não passa, com efeito, de purgativos psíquicos. A moderação nem sempre é fácil de praticar, já que requer autocontrole e freio em todos os níveis. Não é sinônimo de *laissez-faire*. Importa muito que você escolha cuidadosamente o profissional a que irá recorrer, de vez que nem todos os que prometem curar, em qualquer sentido, revelam-se capazes de fazê-lo. Ademais, alguns são, eles próprios, negativos psíquica, psicológica e emocionalmente, podendo causar danos reais, embora os consideremos nominalmente competentes ou qualificados. Se você não gostar da pessoa ou não confiar nela, procure outra para ajudá-lo. Suas intuições trabalham além do horário nessas emergências em andamento, e será vital que você se dê conta de seus sentimentos. Eles constituem sinalizações do seu campo áurico.

O estado físico da pessoa tende a ser o resultado do estado emocional e da estabilidade da saúde mental. Por isso é tão importante lutar contra os sentimentos de raiva, depressão, ciúme, desprezo e malícia. Eles são verdadeiramente venenosos para o sistema inteiro e chegam a afetar os outros. A agressão contra os semelhantes é nociva para você, e raramente ou nunca poderá justificar-se. Não ajuda e não elimina nada; só faz bombear carradas de toxinas para o sangue, que o organismo dificilmente excretará em razão de seus constituintes químicos, e manter maus vínculos de energia com outras pessoas em detrimento mútuo.

Se seu braço ficar engessado durante um ano, você não poderá esperar que ele volte a funcionar normalmente logo no dia em que o gesso for removido; reconheça, portanto, que leva tempo ajustar-se às mudanças ocorridas em seu sistema, por positivas que sejam.

Para a saúde global, a tônica é a moderação, a bondade e uma visão aberta da vida. Evite cultos, modismos, autoveneração e a idéia de que você é impotente em face das dificuldades. Abra o coração e muitas de suas aflições irão embora. O coração é o ponto de equilíbrio da energia e o foco final do seu campo áurico.

Sua aura é uma parte tangível e comunicativa e, quando vigorosamente ativada ou oprimida pela doença, torna-se diferente tanto para você quanto para as pessoas que o conhecem. Aparentemente, há pouquíssimos médicos capazes de ver a aura, embora muitos sejam sensíveis a mudanças áuricas por meio dos outros sentidos.

Conforme você tenha dor, machucaduras ou moléstias, sua aura parecerá diferente do que é quando você está bem. Uma forte cefaléia aparece como um halo espesso, rugoso e acinzentado em volta da cabeça. Inflamações, mesmo internas, tornam o campo em torno da área do corpo alargado e hiperativo. No caso de moléstia orgânica, o campo aparece exaurido ou dilacerado, fraco ou descolorido nessa região, e o etérico virtualmente inexistente. Uma espécie de sombra cobre a área afetada. No caso de tecidos cicatrizados, nota-se um eco esmaecido, na aura, da ferida original, e pequenas ondulações nessa área do campo energético, se a ferida foi grave.

Existem inúmeras e pequenas nuanças nesses efeitos visuais – o tamanho e a profundidade da área aberrante de energia, a porção de sombras ali existente, a intensidade total dos campos etérico e áurico etc. Seria desperdiçar tempo e papel elucidar essas coisas aqui, uma vez que as pessoas dotadas de visão áurica já as conhecem e tantos pormenores de nada valeriam para as outras. O que foi descrito em termos visuais é igualmente perceptível, mediante outros meios, pelo profissional sensitivo, e suas contribuições são pelo menos tão valiosas quanto os comentários mais sensacionais, visualmente correlacionados. Também faz parte da experiência diária de um grande número de pessoas que nunca viram auras.

Se alguém se sente mal, isso é indício de que o campo áurico precisa de mais espaço para implantar o processo de autocura, bem como de condições adequadas para uma melhoria eficaz. Se um determinado lugar, uma atividade, um estilo de vida ou uma pessoa induz em você, sistematicamente, uma sensação de mal-estar ou impede-o seriamente de voltar logo à boa forma, então examine com cuidado quanto lhe custa esse lugar, essa pessoa etc., porque o campo áurico em questão talvez seja avesso ao seu.

A debilidade pessoal pode ser aliviada por um bom profissional da homeopatia, cromoterapia, ioga, cura espiritual, acupuntura, acupressura, aromaterapia – em suma, de todas as antigas artes de cura. Os resultados dependerão de sua disposição e da intuição, conhecimento, zelo e habilidade do profissional, desde que se estabeleça alguma afinidade entre vocês dois. A habilidade do terapeuta, por maior que seja, jamais vencerá os sentimentos de antipatia e desconfiança do paciente. Nada pior que o distanciamento entre paciente e terapeuta; combatemos toda a noção de profissionalismo impessoal ora vigente na prática médica. Achamos que o fracasso de muitas terapias e médicos provém mais da falta de amor que da escassez de habilidades ou recursos.

Modismos, crendices e preconceitos sobre o que é provável ou possível têm efeito crucial na sua auto-imagem e na crença em você mesmo. Podem ainda paralisar muito do seu potencial, arruinar sua saúde e serenidade mental e apressar a morte. O universo inteiro é seu amigo: estenda a mão e apanhe aquilo de que necessitar nesse reservatório sem fim.

Trabalho Pessoal com o Formulador Interno

Os princípios das grandes religiões têm *todos* por objetivo a união com o F.I. e a grande fonte de que ele brota. Infelizmente, as sobreposições de dogmas e rituais afastaram as religiões do seu papel de libertadoras de almas para o de escravização pela doutrina.

Ignore a ânsia anterior de autoproteção e esteja preparado, não para realizar simples objetivos de consenso, mas para fazer o que é preciso a fim de elaborar sua própria verdade interior.

A má-fé e a adulação são os assassinos do verdadeiro esforço íntimo. Todo esforço consciente revelar-se-á inútil se se basear na negação do próprio eu, que é elaborado e sustentado pelo F.I.

O inconsciente muitas vezes busca um caminho fácil para sair do desconforto. A exclusividade de cada indivíduo inviabiliza qualquer mapa exterior, de sorte que o caminho para o F.I. está dentro do eu e incluirá, necessariamente, o desconhecido. Isso poderá, vez por outra, originar experiências dolorosas ou assustadoras, cujo propósito é manter você aberto para a fonte última quando não puder contar com nenhuma orientação mundana. Durante esses períodos de angústia, o verdadeiro alvo da prece se torna mais que evidente.

A forma que as dificuldades assumem talvez requeira autosacrifício, sofrimento ou renúncia a algum projeto mundano e exija a prática da humildade, da devoção e um súbito aumento da autoconsciência. A dor conseqüente será sintomática de sua resistência às circunstâncias às quais você não queira renunciar (resultando, em última análise, na mudança que for imprimida às circunstâncias ou na doença), ou poderá não passar de um estiramento da musculatura psicológica, que com o tempo se torna flexível, fazendo desaparecer a dor. Nesse último caso, o crescimento usual será considerável. Seus efeitos se mostrarão plenamente na aura, que terá alterado o ritmo vibracional e estreitado os laços com o F.I.

Haverá fases em que você se sentirá completamente no escuro, outras em que a vida, por si mesma, parecerá um ato de fé cega. Nessas ocasiões, todo esforço, todos os princípios, todas as leis e todo conhecimento surgirão aos seus olhos como coisas sem valor. Mas tais fases costumam ter duração relativamente curta, embora as sintamos como uma eternidade. Fé, coragem e firme determinação ajudarão você a sobreviver. Quando a dor passar, você notará uma real mudança qualitativa em suas conexões íntimas e no campo energético, estreitando assim, permanentemente, sua ligação com o F.I.

O tipo de mudança não resulta meramente da desilusão intelectual e seus conseqüentes arroubos internos ou externos – embora seja certo que a remoção de idéias arraigadas constitui um requisito básico para qualquer evolução real. Em suma, você deve estar preparado para acionar tudo o que você tem, tudo o que você conhece e tudo o que você é, a fim de seguir adiante em meio aos obstáculos.

Talvez seja essa a principal razão de o trabalho com o F.I. já não constituir um método amplamente aceito; assim, algumas pessoas, lugares e experiências cotidianas podem tornar-se um estorvo e um obstáculo para o crescimento.

Visto que a resposta não está numa existência isolada, a pessoa deve procurar outras que pensem como ela e afastar-se, até onde for possível, das impurezas, confiando no amor e na prece para manter uma conexão mais ampla com a humanidade.

O resultado de um vórtice criado por dois, três ou mais indivíduos assim, vibrando juntos nessas mesmas freqüências, não há de ser subestimado. Tais laços se encontram no interior do próprio ser, e sinais, críticas e formas exteriores são supérfluos. Esse íntimo reconhecimento da alma pela alma e os laços que a partir daí se estabelecem rompem todas as barreiras e são o verdadeiro alicerce da fraternidade *de facto* entre os homens. Não toleram nem o desprezo por outra pessoa nem a exaltação de ninguém.

A procura de atalhos pode conduzir a caminhos floridos, a *cul-de-sacs*, a curvas, e até induzir vertigem psíquica. Existem mais pretensos gurus, professores, mestres disso e daquilo e métodos de promoção espiritual do que os resultados aparentes evidenciam.

A condição da moral humana não é prova cabal da fonte que a produziu. É óbvio que no Ocidente se registra uma verdadeira fome de conhecimento espiritual. Ora, em toda situação de fome as pessoas não examinam muito o que comem. O mercado negro floresce e quase tudo o que parece próprio para consumo acaba sendo comprado por qualquer preço que seja. Os mercadores de Deus abundam, talvez porque uma espécie de pânico tenha sido induzida por acontecimentos mais graves no cenário mundial. Está acontecendo uma nefanda corrida subterrânea rumo à segurança cósmica, e o medo sustenta muita atividade normalmente definida como espiritual. Quase todas essas coisas tendem a barrar o fluxo ao F.I. porque brotam do medo, e não do amor. É importante que você examine bem os seus motivos antes de embarcar numa aventura dessas.

Já que a sua própria vida é prova de algum vínculo ativo com o F.I., não há por que desesperar. Ao chegar ao auto-sacrifício, você deverá avaliar cuidadosamente em que altar está sacrificando e, ademais, conservar a fé como algo que possui também uma origem divina, com direito à existência. Quase sempre o que se entende por auto-sacrifício não passa de renúncia a projetos, objetivos, idéias ou haveres mundanos, todos eles, afinal de contas, passageiros.

Com razoável freqüência, o sacrifício exterior é visto como "rito de passagem" para as vidas dos outros. Também é comum que a indulgência com a insegurança pessoal, psicológica e emocional se esconda sob a máscara do auto-sacrifício. Mas o verdadeiro espírito de sacrifício reside em sua totalidade, e a boa-fé consiste em renunciar àquilo que se foi. O apego à coisa renunciada não constitui sacrifício algum. Muitas vezes a pessoa que verdadeiramente renuncia a alguma coisa não pensa a respeito do ato, pois esse ato foi total e se encontra no passado, enquanto ela continua a viver no presente. O sacrifício real é penoso no momento em que acontece e mais fácil depois. Dá-se o contrário com o sacrifício falso.

A autolibertação é o produto purificador do verdadeiro sacrifício; mais uma escravização imaginária foi vista pelo que é e desprezada. Toda ampliação da liberdade da aura alimenta o campo áurico com novas e mais puras energias. É essa consciência de liberdade interior que reflete a verdadeira renúncia. Quanto mais a pessoa pensa que sacrificou, menos provável será que tenha completado o processo de renúncia.

O conceito de auto-sacrifício não corresponde exatamente ao ideal cristão de trabalho sem recompensa, serviço ao próximo e amor a toda a humanidade, na qual você mesmo se acha incluído. Corresponde ao paradigma de uma humanidade egoísta cujas molduras, ocasionalmente, um indivíduo rompe para se colocar de alguma maneira em segundo lugar. Isso merece reflexão: "Não há amor humano maior que dar a vida pelos amigos" fornece a indicação mais clara possível do que o amor, mercê do verdadeiro sacrifício, significa. *Se* alguém *morre* por outrem, então não existe para ele nenhuma motivação mundana pessoal e a ação permanece isenta de auto-engrandecimento ou da busca de recompensa.

Numa forma menos drástica, talvez um auto-sacrifício real pudesse ser encontrado na pessoa por demais ocupada com o próximo para, conscientemente, dispor do tempo necessário à busca do autodesenvolvimento; essa pessoa, assim, estaria potencialmente abrindo o caminho interior, ou pelo menos deixando de bloqueá-lo com emoções mentais e emocionais. O eu – tal como o conhecemos – não raro se revela incompatível com o F.I.

114

Nossa Interação com a Aura da Terra

Embora seja este o capítulo final do livro, será ele mais uma sugestão instigadora de pensamentos do que um simples *résumé*. Para algumas pessoas, teremos proporcionado a visão dos chamados "mundos invisíveis", para outras, esclarecido um dos muitos elos da grande cadeia do ser. Mas o que desejamos acima de tudo é ter começado a explicar com clareza os mecanismos graças aos quais a alma humana cria ou destrói, sem ação visível no nível manifesto da existência.

A aura é consciência em ação antes de ser comportamento manifesto, verbal ou físico, e nossas descobertas repelem desdenhosamente, *in toto*, a incipiente teoria behaviorista da ação humana.

A filosofia subjacente ao trabalho que empreendemos, parte do qual se acha registrada neste livro, é ao mesmo tempo singela e profunda, não importa quão complexos possam parecer na prática seus aspectos manifestos. Trata-se de uma filosofia muito mais refinada do que qualquer das que se fundamentam no conceito fechado da dualidade. A idéia básica é a de que toda vida, de fato, *constitui* uma unidade, seja o que for, onde esteja e quando exista semelhante vida.

Segue-se uma explicação mais acurada disso. Aqui, no entanto, mencionaremos a aura da Terra e suas conexões com as nossas próprias auras como a constatação primacial dessa unidade.

Sempre foi do conhecimento de alguns povos que diferentes áreas da superfície terrestre possuem polaridades e interações, tangivelmente distintas, com os inúmeros esforços humanos. Existem certas correlações geográficas e fisiológicas tais como atitu-

115

de/percepção, taxa de oxigênio/controle do corpo etc., mas o que explica isso é um padrão notório de locais de energia positiva e negativa ao redor do globo. Notam-se flutuações menores dentro de áreas mais restritas, como um município, e diferentes tipos de pessoas são oportunamente atraídas para essas várias freqüências – o que, em geral, é inconsciente. O efeito global desse entrelaçamento constituirá o padrão de energia daquele setor da Terra. A flutuação local e a freqüência dos indivíduos combinam-se para produzir, primeiro, um nexo e, depois, um vórtice de energia que funcionará, na falta de expressão melhor, ao nível do denominador comum daquelas energias. O mesmo se aplica à terra e aos oceanos, como também a qualquer lugar onde exista gente, independentemente do nome geográfico, altitude, temperatura, umidade etc.

Parece haver uma conexão profunda, inerente e inconsciente entre o indivíduo e o local onde ele nasceu; os autores supõem que isso reflete os padrões de energia. Seria pueril postular uma causa direta e uma relação efetiva, dadas a sutileza e a complexidade a que no presente livro se tentou aludir sem, no entanto, explicar de todo. As dificuldades deparadas por muitos homens que tentaram compreender a si mesmos e às suas relações com o universo manifesto, tal qual percebido por eles, deveram-se em parte ao desgosto de aceitar um lugar que não o primeiro no vasto esquema das coisas e à responsabilidade pessoal em que incorriam, necessariamente, ao reconhecer a unidade da vida e a fraternidade dos homens – portanto, do carma geral que todos temos de compartilhar. Foi na esperança de evitar as implicações dessas verdades que filósofos e filosofias enveredaram por caminhos tortuosos, que até hoje não levaram a lugar nenhum.

As energias descritas neste livro constituem um nível da inevitável, universal e cósmica unidade do ser. Assim, esperamos que o livro possa cravar mais um prego no caixão dos nossos semideuses gêmeos: auto-ilusão e hipocrisia.

A aura da Terra – e com isso não estamos nos referindo apenas à sua atmosfera física, mas às emanações todas do próprio espírito da Terra – sustenta o nosso ser enquanto, e *somente* enquanto, retemos pelo menos algumas vibrações dentro de nós capazes de atuar nas freqüências da Terra. Para simplificar: do estado do nosso fluxo e da condição das emanações das nossas almas depende inteiramente a nossa capacidade de preservar a encarnação como uma raça. A hostilidade que sentimos pelo meio ambiente, em pensamento e ação, é contrária à automanutenção de nós mesmos nas mais profundas camadas possíveis, lá onde o futuro da espécie está codificado. As pessoas que procuram manter uma interação positiva e criadora com nossa mãe, a Terra, e com o resto dos seus filhos – nós próprios – estão nadando contra a corrente da destrutividade humana e contra a perigosa inércia presente na psique humana grupal.

Não é possível, chegados tão longe e depois de dizer tanta coisa, evitar, justificadamente, o difícil problema da moralidade. Entendemo-la, aqui, como a obediência à lei moral da existência humana, cuja base é a não-destruição, que é criação; uma condição estática não passa de mito, assim como a neutralidade. Conforme tentamos salientar, nem criação nem destruição existem sozinhas no nível físico e manifesto da ação, de modo que, na prática, a base da moralidade é o fluxo criador que jorra do F.I. – a psique – para o resto do universo. No homem, o vórtice cardeal e central de energia é o coração: "Ainda que eu tenha tudo isso, se não tiver caridade nada serei."

Há uma verdade humana fundamental, da qual decorrem todas as nossas outras considerações: a chave do universo do homem é o amor puro. Ele cria, flui, refina e purifica, o que constitui a verdadeira essência do espírito universal que ecoa no homem. O maior ato de amor é o fluxo projetado do coração de energia; nisso consiste a cura suprema.

Muito do trabalho realizado pelos autores prende-se a pessoas que enfrentaram dificuldades para fluir plenamente em um ou outro dos níveis de existência. O conceito de cura tem sido popularmente reduzido a uma espécie de paralelo mágico da medicina alopática, o que é um corolário natural da *Weltanschauung* material e materialista com que nos confrontamos. Para ter credibilidade, semelhante conceito de cura deve admitir que saúde e doença são apenas uma condição físico-mecânica. No entanto, a partir de nossas observações, torna-se surpreendentemente claro que tal não é o caso. Os antecedentes da disfunção física aparecem na aura muito antes que os sintomas clínicos se manifestem, e temos aí a junção ideal onde evitar tanto a enfermidade física quanto o estado existencial causador dessa enfermidade. Sabem os mais doutos que os sintomas físicos só desaparecem para voltar quando o nível que perpetua a disfunção de contato recupera, uma vez mais, polaridade negativa suficiente para reinstaurar os seus efeitos físicos.

A cura, para ser completa, é da alma e para a alma; tudo o mais apenas arranha a superfície. De vez em quando, pessoas são "curadas" de uma enfermidade após outra; a razão dessa eterna meia-vida que elas se impõem reside numa doença muito mais profunda e, se os níveis mais entranhados permanecerem intactos, moléstias posteriores se apresentarão, fechando o ciclo, esgotando o indivíduo e tornando-se cada vez mais difíceis de evitar. Doenças crônicas de natureza não-terminal são comumente diagnosticadas em pessoas que apresentam esses padrões. Descobrimos que uma das causas mais comuns são os sentimentos de culpa e sua companhia habitual: o medo da punição. Isso, na prática, se associa quase sempre ao ressentimento ou à raiva reprimida.

A cor da vibração que cura mais eficazmente esse profundo nível de saúde causal é a gama violeta/ametista, ao passo que os sintomas imediatos respondem mais prontamente ao azul e a algumas outras freqüências sob certas condições. Não se deve, aqui, fazer confusão com a cromoterapia tal qual é praticada. A cromoterapia é eficaz, benéfica e deveria ser mais amplamente difundida. Ela procura tratar o nível causal a partir do nível físico.

A cura tenta tratar o nível causal diretamente, prevenindo assim as condições físicas e psicológicas que se manifestariam depois.

Já mencionamos a significação e o valor da prece; a prece autêntica é o mais seguro conector com a gama ametista/violeta, que inclui o magenta da cura física ou da cura física a distância. Um modo de assegurar que a prece não seja oprimida pelas emoções inferiores, pela ansiedade etc. é a meditação e a contemplação. Essa é também uma maneira excelente – talvez a principal – de absorver energia curativa diretamente e no mais alto nível possível. Sob certos aspectos, a condição física do corpo não é o alvo *precípuo* da verdadeira cura, embora o alívio da dor seja uma concomitância inevitável da troca dessa energia.

Uma vez plenamente estabelecido o fluxo no interior do indivíduo, e portanto para o mundo em derredor, faz-se possível transcender toda e qualquer tentativa empreendida para destruir esse fluxo. Parece que a morte não o destrói – e a morte do corpo é a derradeira defesa da alma e da consciência. Dessa forma, o amor devora o mal transformando-o em propósito criativo.

Não é intenção deste livro fomentar um interesse acadêmico pela aura, mas indicar um nível total do nosso ser que poderemos compreender e considerar ao longo das nossas vidas, mostrando assim que o crescimento, em última análise, não depende das nossas circunstâncias no mundo material. Nada do que ficou relatado aqui se baseia em conceitos novos ou em modismos. O trabalho pode ser único no quadro do espaço/tempo, mas a verdade que tentamos refletir é uma fração do atemporal em termos humanos.

Os efeitos na aura das pessoas que acabam de colher as informações das páginas ora impressas serão catalíticos para o seu crescimento.

Da compreensão de que todos nós coexistimos dinamicamente como energias independentes, brota uma auto-reflexão mais valiosa que enseja o afrouxamento da "gravata" da dúvida íntima, do autodesprezo e da autopunição, que são os aniquilado-

119

res tanto da alegria quanto da verdadeira humildade. A humildade é a constatação da própria incompletude, e *não* a sanção das atitudes cósmicas do Uriah Heep.* Bradar que se é humilde não passa de escusa e camuflagem para a ausência do desejo de crescer em nossa consciência do Criador. Só há crescimento ou decadência, purificação ou contaminação, criatividade ou aniquilamento sob a forma de opções, quando estas parecerem existir. Ser e criação são reconhecidos facilmente como um, e tudo quanto nos aproximar disso é positivo; tudo quanto bloquear ou destruir isso é negativo e pertence ao caos.

Desde tempos imemoriais os sacerdócios vêm descambando para o caos. A verdade é algo íntimo a ser apreendido, pensado, promovido, facilitado, buscado – mas não dado. A história ensina que a verdade é avessa às tentativas de estase, portanto, a todos os dogmas, instituições e ordens oficiais. O principal direito humano é o direito à experiência através da verdade humana, um contato direto com Deus. A partir do código cromático, torna-se evidente por si mesmo que tipo de emanação pessoal é compatível ou não com esse empreendimento.

Enquanto tentarmos fundir as idéias de conhecimento informativo e de apreensão direta da verdade, permaneceremos irremediavelmente perdidos no mar infindo da informação potencial, observando os albatrozes das nossas autoconcepções enganosas e voltear num horizonte brumoso.

Não existe uma explanação final do homem, porque o destino final do homem é o seu retorno ao seio de Deus – a inexplicável e inexprimível força da criação. Foi com uma clara compreensão disso que os autores trabalharam, na esperança de que suas descobertas pudessem estimular novos esforços para a remoção das desesperadas concepções errôneas sobre a condição humana que tanta influência andam exercendo hoje.

---

* Conjunto de *rock* dos anos 70. (N. do T.)

Não é necessário ao leitor aspirar à visão áurica ou superestimá-la – os cinco sentidos, em pleno funcionamento, já proporcionarão luz suficiente. Cada um deles pode fornecer, e efetivamente fornece, informações copiosas e apuradas sobre a aura, caso esteja funcionando bem. A visão é apenas um desses cinco sentidos básicos e não deve ser considerada superior aos demais, seja qual for o nível em que estejam atuando.

Os autores descreveram a aura em termos eminentemente visuais, mas não haveria razão, se a linguagem o permitisse, para que a descrição não se fizesse em termos de som, de sensação apurada etc. A linguagem relacionada com a visão é mais precisa e as metáforas espaciais quase não se podem evitar. A realidade parcialmente refletida aqui existe de qualquer maneira, com ou sem descrição, dando forma à nossa vida, ao nosso futuro, ao nosso crescimento, ao nosso mundo humano. A descrição só é útil como uma alavanca para o entendimento da ação e do crescimento.

Em virtude de serem engendrados e perpetuados pelo Formulador Interno (a psique), esses níveis sutis do ser, a que chamamos aura, destacam-se infinitamente mais que as aquisições lentas, grosseiras e materiais – e, por fim, mas não sem dificuldade, *crescem* até ultrapassar aqueles níveis! Seria contraditório falar a respeito de uma psique morta, e, no devido tempo, todo ser vivo alcançará essa transcendência.

O crescimento da psique e o conseqüente fortalecimento e purificação dos níveis sutis do nosso ser são bastante auxiliados, pela consciência, durante a encarnação, ao nível intelectual da mente. Até que ponto essa consciência realmente reflete e respira o espírito da verdade, mostra-o o amarelo presente na aura. O paradoxo é que o amarelo, atuando de certo modo, inibe a verdadeira consciência e, atuando de outro modo, constitui-se no seu principal incentivador. Não se trata de uma asserção epistemológica, mas de uma confirmação das nossas conclusões baseadas em testemunhos pessoais. Uma coisa é certa relativamente às nossas descobertas: todo homem vê por sua própria luz. Se você é a mecha, possa este livro ser a faísca.

Nossa herança é tudo o que existe. Nós já a temos. Só nos falta a compreensão disso e o conhecimento dos meios para alcançá-la. Um deles é a aceitação e o reconhecimento de cada uma das dimensões do homem – e o objetivo do presente livro é aclarar uma delas. Obviamente não nos deteremos aqui, mas avançaremos rumo ao começo de uma nova fase.

AURAS HUMANAS

Colette Tiret

Apresentamos aqui um trabalho absolutamente original porque, pelo que sabemos, está sendo feito pela primeira vez.

Há mais de trinta anos que vimos pesquisando no campo da parapsicologia e, mais particularmente, sobre a aura humana, essa paleta de infinitos matizes que forma um nimbo ao redor do corpo humano vivo e cujas cores traduzem fielmente todos os estados de alma das pessoas.

Este estudo foi feito por um método de nossa invenção e que proporciona resultados de extraordinária precisão — método que só agora conseguimos testar, controlar e objetivar, graças ao computador, instrumento moderno e de absoluta exatidão.

Depois de fazer a aura de uma pessoa pelos meios habitualmente oferecidos pela parapsicologia, submetemos essa mesma pessoa a longo questionário, com centenas de perguntas, de um método americano de psicologia diferencial, o método de Guilford-Zimmermann, usado comumente para a seleção de pessoal e para definir a caracteriologia dos candidatos a cargos nas grandes empresas. Essas perguntas conseguem delimitar cada personalidade humana. O método é reconhecido como válido e o plano das perguntas adapta-se perfeitamente à folha de respostas do computador.

Com a alegria do pesquisador que faz uma descoberta, constatamos que os dois processos — o parapsicológico e o da psicologia diferencial — "batiam", como se diz familiarmente, o que constitui uma prova. As duas análises se superpõem em 98% dos casos.

* * *

A obra de Colette Tiret recebe neste volume o aval do Dr. Marcel Martiny, professor da Escola de Antropologia e presidente do Instituto Metapsíquico Internacional de Paris.

EDITORA PENSAMENTO

AS CORES DA TUA AURA

Lea Sanders

Lea Sanders é um dos poucos seres humanos capazes de ver, de curar e de interpretar a aura de seus semelhantes.

Neste livro, ela fala de sua infância e do segredo que só podia confiar à sua avó: ela via algo como um arco-íris envolvendo as pessoas. Cada pessoa tinha o seu espectro próprio de cores. Com o transcorrer do tempo, ela descobriu que cada cor tinha um significado próprio e indicava a condição de saúde da pessoa, bem como o seu caráter. E observou o modo como a irradiação das cores mudava conforme se alterassem os sentimentos dos indivíduos.

Essas experiências, que Lea Sanders já fazia quando ainda era uma menininha e que teve a oportunidade de repetir durante toda a sua vida, podem agora ser encontradas na presente obra porque foram organizadas em esquemas compreensíveis visando ajudar o leitor.

Os exercícios e as meditações aqui propostos mostram que todos podemos aprender a ver a aura de um ser humano.

EDITORA PENSAMENTO

FORMA, SOM, COR E CURA
Theo Gimbel

"Experimentando o elemento vivo no fluxo das cores saímos, por assim dizer, da nossa própria forma e partilhamos da vida cósmica. A cor é a alma da natureza e de todo o cosmo, e experimentando a vida das cores participamos dessa alma."

Theo Gimbel é pioneiro no campo da pesquisa das cores e da cura por meio delas. Sua inspiração provém da teoria de Goethe sobre as cores e do desenvolvimento e aplicação desta por Rudolf Steiner.

Fica evidente para muitas pessoas que esse campo de investigação cria possibilidades importantes em nossa época, na qual uma visão holística do mundo está se tornando amplamente aceita. Nessa visão de mundo, o pensamento dos cientistas mais destacados flui juntamente com o dos místicos e com as tradições da velha sabedoria.

Em *Forma, Som, Cor e Cura*, Theo Gimbel reúne suas descobertas e demonstra as aplicações práticas que elas possuem. Este livro é de muito interesse para quem deseja entender algo acerca da natureza viva das cores e será leitura essencial para os que desejam trabalhar no campo da Cromoterapia. A sabedoria destas páginas revela uma vida dedicada a um campo de exposição maravilhoso e fascinante.

EDITORA PENSAMENTO

A AURA PESSOAL

Dora van Gelder Kunz

A Aura Pessoal é um estudo original e extraordinário da aura humana. Através de belas ilustrações, a autora retrata as energias emocionais que permeiam a aura de todos nós. As mudanças que ocorrem na infância até a velhice aparecem registradas na aura de várias pessoas. As ilustrações deste livro mostram, também, as mudanças que ocorrem na aura durante uma doença e nos diferentes estados de ânimo que o ser humano vivencia. Este livro apresenta uma nova visão desses aspectos sutis da constituição humana que estão invisíveis para a maioria de nós e, ao mesmo tempo, oferece sugestões úteis para transformar nossos padrões emocionais mais desafiantes.

A Aura Pessoal dá uma contribuição única aos profissionais da saúde e a todos aqueles interessados em conhecer e compreender sua psicodinâmica. Este livro define com clareza e confere um profundo significado a uma habilidade perceptiva sutil que podemos desenvolver naturalmente.

As idéias aqui apresentadas podem modificar a visão que temos de nós mesmos e ampliar a compreensão da nossa constituição, de nossos poderes, influências e, conseqüentemente, responsabilidades. A dra. Kunz mostra que estamos interligados, sob formas antes ignoradas, ao universo e, sobretudo, a outros seres humanos com os quais compartilhamos influências das quais não suspeitávamos, mas cujo potencial é fascinante.

* * *

Dora van Gelder Kunz é uma clarividente nata que mais tarde desenvolveu seus dons durante sua associação com C. W. Leadbeater, autor de *Os Chakras* e de *O Homem Visível e Invisível*. Já há muitos anos seu trabalho está associado com as novas descobertas no campo da cura e, junto com a dra. Dolores Krieger, desenvolveu uma técnica chamada "toque terapêutico". É autora de vários livros e foi presidente da Sociedade Teosófica Internacional.

EDITORA PENSAMENTO

CONHECE-TE ATRAVÉS DAS CORES

MARIE LOUISE LACY

Somos todos afetados pelas cores, embora nem sempre estejamos conscientes desse fato. O rosa nos inspira a calma, o vermelho nos dá energia, o azul promove a paz e o verde encoraja a harmonia. Nossa confiança, criatividade e bem-estar estão intimamente ligados às cores que predominam em nossa vida.

Através da aura, nos sintonizamos com o mundo sutil das cores; através das cores que irradiamos, expressamos nossa verdadeira natureza. Ao nos tornarmos conscientes da influência da cor na nossa aura, podemos efetuar curas físicas e psicológicas através de métodos terapêuticos que fazem uso da cor.

Neste livro, Marie Louise Lacy, da International Association for Colour Therapy, mostra-nos como entrar em sintonia com as cores em diferentes níveis e áreas, que incluem a meditação e a psicologia.

Dentre os assuntos abordados neste livro, destacam-se:

- As várias maneiras de usar a cor nos processos de cura;
- Métodos para utilizar as cores na vida diária;
- Como a psicologia da cor pode revelar o seu interior;
- O significado mais profundo dos números quando associados às cores;
- Como as cores do ambiente em que vivemos e da roupa que usamos pode ajudar a transformar energias negativas;
- As cores mais adequadas para cada hora do dia;
- A importância da cor na alimentação.

EDITORA PENSAMENTO

Outras obras de interesse:

A AURA HUMANA
Walter J. Kilner

AURAS HUMANAS
Colette Tiret

O MISTÉRIO DA AURA HUMANA
Ursula Roberts

A AURA PESSOAL
Dora van Gelder Kunz

A AURA E SUAS CORES
Ruth Berger

ACUPUNTURA CLÁSSICA CHINESA
Tom Sintan Wen

ACUPUNTURA SEM AGULHAS
Dr. Keith Kenyon

CH'I – ENERGIA VITAL
Michael Page

A VIBRAÇÃO DAS CORES
Clark – Martine

A LINGUAGEM DAS CORES
René-Lucien Rousseau

O CORPO MENTAL
Arthur E. Powell

CROMOTERAPIA – A CURA ATRAVÉS DAS CORES
Reuben Amber

CORES PARA SUA SAÚDE
Gérard Edde

AS SETE CHAVES DA CURA PELA COR
Roland Hunt

A ENERGIA CURATIVA ATRAVÉS DAS CORES
Theo Gimbel

AS CORES E SEU PODER DE CURA
Betty Wood

Peça catálogo gratuito à
EDITORA PENSAMENTO
Rua Dr. Mário Vicente, 374 – Fone: 272-1399
04270-000 – São Paulo, SP